邏輯新引

殷海光　著

商務印書館

邏輯新引

作　　者：殷海光

責任編輯：黃振威

封面設計：涂　慧

出　　版：商務印書館（香港）有限公司

　　　　　香港筲箕灣耀興道 3 號東滙廣場 8 樓

　　　　　http://www.commercialpress.com.hk

發　　行：香港聯合書刊物流有限公司

　　　　　香港新界荃灣德士古道 220-248 號荃灣工業中心 16 樓

印　　刷：美雅印刷製本有限公司

　　　　　九龍觀塘榮業街 6 號海濱工業大廈 4 樓 A 室

版　　次：2023 年 6 月第 1 版第 2 次印刷

　　　　　© 2021 商務印書館（香港）有限公司

　　　　　ISBN 978 962 07 6652 7

　　　　　Printed in Hong Kong

目　錄

編輯說明

　　本書是中國著名哲學家殷海光所著的邏輯入門著作。
為保留原書面貌，編者僅修正若干錯字、統一全書體例，將
部分舊式用語改為較通行的現代用字（如「底」改為「的」、
「那末」改為「那麼」、「祇」改為「只」等），其他則一仍其舊。

前語

(一)

這本書可以說一部分是作者從事邏輯教學的經驗產品。

若干年來，一般讀者苦於邏輯枯燥無味，為了解決這個問題，十三年前，作者試着以對話體裁寫了一本邏輯入門的書。從同類書籍的行銷數量比較起來，事實證明作者採取對話體裁寫這類的書是符合一般需要的。來台以後，作者又教這門功課，但那本書已經絕版了。因應教學上的需要，作者又用對話體裁寫了一本講義，由學校油印，內容較前書有所改進。講義印出以後，一擱又是四年，作者沒有再用到它。這四年來，學生們紛紛以介紹邏輯讀物相請，這類事實，使作者覺得頗有將那份講義改變成書的形式之必要。可是，去年翻閱那份講義時，作者認為有許多應該包含進去的東西沒有包含進去，而且有許多地方簡直不行了，於是，動手大加修正。認真說來，這本書是作者用對話體裁寫這類書的第三次。

（二）

依照英、美的標準而論，本書包含了英、美基本邏輯教程中應該包含的全部題材，至少大部分題材。不過，在題材的處理上，作者還是多少作了不同的權衡。作者的權衡是以這幾個條件為依據：一、着重應用方面；二、着重純邏輯的訓練；三、介紹新的說法；四、修正傳統邏輯的錯誤；五、在必要時，提出作者的貢獻。

以這五個條件為依據，除了為適應本書的體裁和目標而攙入的因素以外，作者在這本書中，對於現有的邏輯題材，有所多講，有所少講；對於有些人認為是邏輯題材而從現代邏輯眼光看來不屬邏輯範圍的題材，則根本不講。在作者認為不當浪費讀者腦力的題材上，作者不願多寫一條；在作者認為讀者應該攻習的題材上，作者不吝多費一點筆墨。在有些地方，直到現在為止，還是有不少邏輯教科書繼續重述傳統邏輯中所混雜的文法、心理學、知識論，甚至於倫理學和形上學的若干成分。這對於增進讀者的推論能力會有甚麼幫助？在選取邏輯教材方面，我們應須不太忽視歐美最近數十年來邏輯方面重大的展進才好。

（三）

　　本書既是根據作者從事邏輯教學之經驗而寫成的，因此，差不多對話中的每一個問題、每一個轉折，都是習基本邏輯者所常發生的。在學習的歷程中，如果大多數人可能發生的問題相差並不太遠，那麼作者希望這本書對於希望自修邏輯的人有所幫助，正如希望它對於攻習大學基本邏輯的人有所幫助一樣。

　　運用這種體裁寫邏輯書，作者倍感吃力。當然，如果一個人吃力而多數人得以省力，那麼是件很值得的事。但是，作者所希望的，是讀者在比較省力的條件之下訓練嚴格的推論力，甚至於到達森嚴的邏輯宮殿，所以在不可避免用力的時候，還得讀者自己用力。攻習任何科學，相當的牛角尖是一定要鑽的，如其不然，我們將永遠停留在浮光掠影的階段。在鑽過牛角尖以後，如果我們增益了相當的智能，那麼正是我們到達了進步之起點。

殷海光

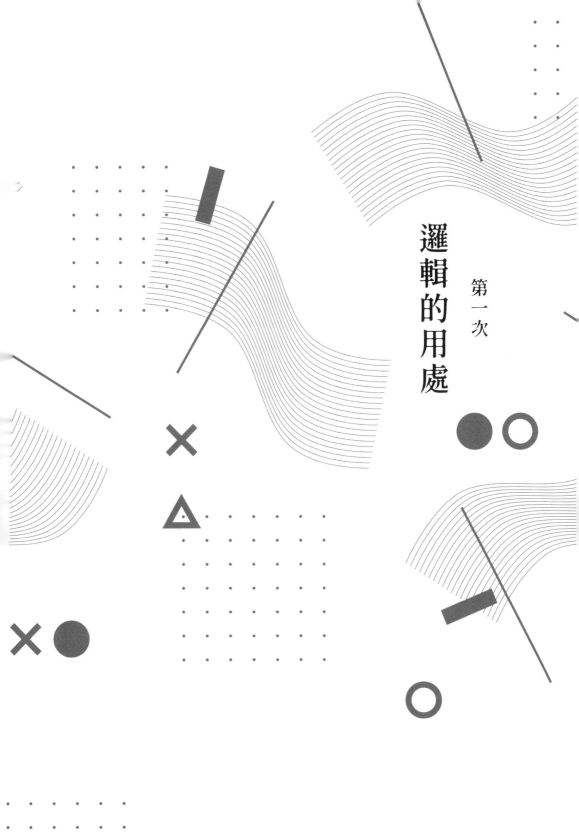

第一次

邏輯的用處

「你上哪兒去？」周文璞從後面趕上來，一把拉住王蘊理。

「我到教邏輯的吳先生那兒去。」

「找吳先生幹嘛？」

「找他問些問題。」

「問些甚麼問題？」

「問……問……問些……」王蘊理吞吞吐吐地支吾着，又把頭低下來了。

「書獃子！問些甚麼？快些說！」周文璞追問。

「你……你……沒有興味，何必對你說！」

「說說看，沒有興味就不往下問。」

「我預備問一些與思想有關的問題，你是沒有興味的。」

「哈哈！哈哈！你又是那一套。這年頭最要緊的是實際活動。講甚麼思想不思想！」

周文璞沒有作聲，依然低着頭向前走。

「喂！勸你這書獃子，要認清時代，不要枉費心血，弄那些無益的玄虛呵！」周文璞提高了嗓子，像是有意激

動他。

「無益的玄虛？」王蘊理帶着質問的口氣。

「是的，是無益的玄虛。」周文璞肯定地回答。

「周文璞！如果你個人對於與思想有關的問題沒有甚麼興味，這是你個人的自由，我沒有甚麼意見可以表示的。然而，你是不是以為只要從事實際的活動，而從事實際的活動時，用不着思想呢？請你明白答覆我。」王蘊理嚴肅起來。

「在從事實際活動時，去幹就成了，還要甚麼思想！」周文璞回答。

「如果你以為從事實際活動時用不着思想，你這種觀念便根本錯誤。」王蘊理表現着他平素少有的肯定態度。

「為甚麼？」周文璞不服氣。

「人類是一種能夠運用思想來指導行為的動物，如果一個人的思想愈精細正確，他的行為至少可以減去許多錯誤，或者可以獲得成效。你看，一座高樓大廈在未着手建築之前，必須經過工程師運用思想，精密設計，繪出圖案，然後才可以按照計劃來建築，這不是思想的用處嗎？思想既然這樣有用，然而你以為從事實際活動時用不着思想，這種觀念不是顯然錯誤嗎？」王蘊理說了一陣子。

「如果只有工程師用思想來設計，而沒有工人去做，高樓大廈會成功嗎？」周文璞反駁道。

「哦！」王蘊理笑了，「請你把我的話聽清楚。我只是說，如果我們以為只要實行而無須思想來指導，這種觀念

是錯誤的。我並沒有說只要思想而不要實行呀！」

「好吧！就依你的話吧！有些人思想非常清楚精細，可是，做起事來卻不見得比旁人高明。就說你老哥吧！你的思想這樣精細，為甚麼一到大街走路就惶惶恐恐，像個鄉巴佬呢？」

「請你把我所說的話的真正意義弄清楚。我只說，我們的行為不可沒有思想的指導，可是，」王蘊理鄭重地說：「這句話並不就是等於說，僅僅有思想，不要行動，我們就可坐享其成的。」

「自然咯！如果僅僅有了一個很好的建築設計，而沒有工人來完成，一定成不了高樓大廈。可是，如果僅僅有了工人，而且我們假定這些工人一點關於建築學的知識也沒有，那麼還不是如同其他動物一樣，雖然看見一大堆很好的建築材料，也做不出房屋來麼？」

「可見僅僅有了思想而沒有行動，我們不會完成甚麼事。可是，如果完全沒有思想，我們便毫無計劃，一味亂動。這樣，我們一定不會成甚麼事的，思想之必不可少在此；而思想被一般人所忽略也在此。因為，有了思想並不一定在實際活動方面，會表現出一般人顯而易見的功效。可是，如果沒有思想，在行動方面一定常常沒有功效。如果我們從這方面來評論思想對於行為的關係，便可以看出思想真正的用途了。思想的效用往往是曲折而間接的，而一般人只注意到直接的效用，因此忽視了思想的效用。至

於我上大街像個鄉巴佬，這與思想力之強弱毫不相干。也
許，⋯⋯也許是因為我的神經太緊張了。」王蘊理有點不好
意思起來，笑了。

周文璞一聲不響。

王蘊理冷靜地望着他，空氣頓時沉寂下來。他們走到
一個拐彎的地方去了。

「你還有甚麼意見沒有？」王蘊理打破沉寂。

「我⋯⋯我⋯⋯」周文璞似乎陷在迷惘之中，「我覺得
你說的好像也有點道理，思想不是沒有用的，不過，我總以
為你說的有些空洞。所謂思想，究竟是甚麼東西呢？」

「我也說不太清楚，還是去請教吳先生吧！他是專門研
究邏輯的。」

兩個人談論着，不知不覺已經拐了幾條幽靜的小巷子，
走到一家門前，王蘊理叩門。

「誰？」

「我們來看吳先生的，吳先生在家嗎？」

「請進。」

門打開，一個小花園在眼前出現。一位頭髮灰白、戴
着眼鏡、身材高大的中年人走出來。

「這位就是吳先生。」王蘊理向周文璞介紹。又回過頭
來，「這是我的同學周文璞。」

「哦！好！請客廳裏坐。」

「我們特地來請教的。」王蘊理說。

「很好！我們可以討論討論。……現在二位對於甚麼問題發生興趣呢？」

「我們剛才在路上辯論了一會兒，」王蘊理笑着說：「是關於思想和邏輯這一類的問題。」

「哦！這類問題是很複雜，不是三言兩語就可以說得清楚的。」老教授抓抓頭：「比如說『思想』這個名詞吧，意指可不少。這個名稱，通常引用的時候，包含的意思很多。彈詞上說『茶不思，飯不想。』這兒的『思』、『想』是一種慾望方面的情形。『思想起來，好不傷慘人也？』、『舉頭望明月，低頭思故鄉。』這是回憶或懷念。古詩中的『明月何皎皎，垂幌照羅茵，若共相思夜，知同憂怨晨。』所表乃是憶戀之情。『我想明天他會來吧！』這是猜的意思。『我想月亮中有銀宮。』這是想像。『這位青年的思想很激烈。』這兒『思想』的意謂，實在是指着一種情緒，或是主張。有的時候，所謂『思想』是表示思路歷程，例如『福爾莫斯唧着煙斗將案情想了半點鐘。』有的時候，所謂『思想』是指思想的結果，如『羅素思想』或『歐洲思想』。又有些時候，『思想』是指着思維而言的。例如，『你若照樣想去，便可得到與我相同的結論。』自然，還有許多別的意思，不過這裏無須盡舉。就現在所說的看來，我們可以知道通常所謂的『思想』，其意指是多麼複雜了。

「可是，在這許多意思之中，只有後一種與現在所要討論的主旨相干；其餘的都不相干，因此可以存而不論。我

們只要注意到後一種『思想』就夠了。

「如果我們要行動正確，必須使像『羅素思想』或『歐洲思想』這類的思想結果正確。要使這類的思想結果正確，必須使我們的思維合法或至少不違法。……」老教授抽了一口煙，略停了一停：「唔！這話還得分析分析。思維的實際歷程，」他又用英文說 "The actual process of thinking" 是心理方面的事實，這一方面的事實之為事實，與水在流、花在飄是沒有不同的。這種心理事實方面的思維歷程，並不都合乎邏輯。果真如此，我們教邏輯的人可要打破飯碗了。哈哈！」他接着說：「我們的實際思維歷程，不必然合乎邏輯推論程序。在合乎邏輯推論程序時，我們所思維出的結果有效，可惜在多數情形之下並非如此。我們思維的結果有效準時，所依據的規律就是邏輯家所研究的那些規律。不過，」老教授加重語氣說：「我不希望這些話造成各位一種印象，以為邏輯是研究思維之學。歷來許多人以為邏輯是研究思維之學，這完全是一種誤解。弄幾何學與代數學何嘗不需高度抽象的思維力，何以不叫思維之學？許多人把邏輯叫做『思維之學』，是因為邏輯的研究，在波勒（George Poole）以前，一直操在哲學家手裏，而大部分哲學家沒有弄清邏輯的性質，沿習至今所以有這一誤解。而自波勒以來，百餘年間，弄邏輯的數學家輩出，邏輯的性質大白。所以，我們對於邏輯的瞭解，應該與時俱進，放棄那以邏輯為思維之學的錯誤說法。」

「邏輯是甚麼呢？」周文璞急忙地問。

老教授沉思了一會兒，答道：「根據近二、三十年一般邏輯家之間流行的看法，我們可以說：邏輯是必然有效的推論規律的科學。」

「有這樣的規律嗎？」周文璞有些驚奇。

「有的！」

「請問那些呢？」

「現代邏輯書裏所擺着的都是。」

「這樣說來，要想我們的思維有效準，必須究習邏輯學？」

「最好是究習一下。」

「這就是邏輯的用處嗎？」周文璞又問。

「啊呀！」吳先生沉思着：「『用處』就是不容易下界說的一個名詞，現在人人知道錢有用處。藥物化學的用處也比較顯然易見，因為藥物化學可以有助於發展藥物製造；藥物製造之發展，有助於疾病之治療。但是，研究理論化學有何用處？理論化學的用處，一般人就不大欣賞，因為，理論化學的用處，比較間接，所以對它有興趣的人較少。一般純科學，如物理學、數學，也莫不如此。所以，近若干年來，走這條路的人一天比一天少。唉！……」老教授不勝感慨繫之的樣子：「但是，一般人不知道今日應用科學之所以如此發達，主要是受純科學之惠。這些純科學所探究的，主要是些基本的問題。設若沒有這些人在純理論上開路，

那麼應用科學絕無今日之成就。殊不知，如不研究純理論，實用之學便成無源之水。無源之水，其涸也，可立而待。現在是原子能時代，許許多多人驚震於原子彈威力之大，並且對於原子能在將來應用於和平途徑寄存莫大的展望。但是，很少人注意到，原子能之發現，是愛因斯坦、諾塞弗、波爾等人對原子構造窮年苦究的結果；很少人注意到劍橋大學克文狄西實驗所中，物理學家在那兒埋頭探索的情形。沒有這些科學家們作超實用和超厲害的努力，原子能之實用，是不可能成為事實的。所以，我們不能說純科學無用，它的用處是間接的，但卻甚為根本。同樣的，邏輯對於人生的用處，也是比較間接的，但間接的學問，若是沒有，則直接的學問無由成立。例如，沒有數學，我們想像不出物理學怎樣建立得起來；同樣，沒有現代邏輯的技術訓練，思維毫無把握，弄哲學也就難免走入崎途歧徑。……」

吳先生抽了一口煙，繼續說道：「就我數十年所體會到的種種，從淺處說吧！究習邏輯學的人，久而久之，可能得到一點習慣，就是知道有意地避免在思想歷程中的種種心理情形對於思維的不良影響。這話是甚麼意思呢？」吳先生的嗓子漸漸提高了。「人類在思想的時候，多少免不了會受到種種心理情形的影響。受這些心理情形的影響，並不一定可以得到正確的思想結果：它有時固然可以使我們碰到正確的思想結果，然而碰不到的時候恐怕更多。

「這一類的心理情形真是太多了！我現在只列舉幾種常

見的吧！第一，我要特別舉出成見。成見是一種最足以妨害正確思維的心理情形。」老教授嚴肅地說：「譬如一個人早先聽慣了某種言論，或者看慣了某種書報，他接受了這些東西，便不自覺地以此為他自己的知識，或是形成了一種先入為主之見。以後他聽了別的言論，或是看到別的書報，便不自覺地以他先前聽慣了的言論，或是看慣了的書報，作為他評判是非的標準。假若別的言論或書報與他先前聽慣了的言論，或是看慣了的書報相合，那麼他便欣然色喜，點首稱善。假如不相合的話，那麼便很難接受；火氣大的人甚至會痛加詆毀。至於他所聽慣了的言論和看慣了的書報究竟是否正確，別的言論或書報究竟是否正確，那就很少加以考慮了。

「不要說平常的人吧！就是科學家也難免如此。科學家主張某種學說，久而久之，便也很容易不自覺地固執那種學說，以為那是顛撲不破的真理。如果有新起的學說與之相反，往往不仔細考慮，橫加反對。例如，二十世紀初葉，好像是 1902 年吧！索狄倡原子蛻變學說，當時的科學家，聞所未聞，羣起揶揄非笑。在心理學方面華特生倡科學的心理學、反心靈論，這種學說和當時盛行的墨獨孤的主張大相牴觸。墨獨孤聽了很不順耳，於是譏諷他、嘲笑他，寫文章攻擊他。這類的情形在科學史上多着哩！我不過隨便列舉一二罷了！」

「怎樣免除成見呢？」王蘊理插嘴問道。

　　「很難！很難！」老教授皺皺眉頭。「第一，要有反省的精神。時時反省，看看自己的思想結果和知識是不是有錯誤。第二，要有服從真理的精神。你們知道印度中古時代的情形嗎？印度那時學術很發達，派別有百餘家之多，真是諸子百家，異說爭鳴。當時，印度的學者常常互相辯難，可是，在他們辯難之先，往往表示：我若失敗了，立刻皈依你做弟子，或者自殺以報。辯論以後，那失敗的一方面，便這樣實行，沒有強辯，也沒有遁辭，這種精神，非常可佩。但是，這種精神，談談是很容易的，實行可就不容易了。

　　「風尚也是容易使思想結果錯誤的因素。風尚與時髦是很近似的東西。如果在某時某地有某種言論，那一時那一地的人羣起附和，那麼對於某一類的事情之判斷，便不自覺地以某種流行的言論作標準。這也就是說，大家不經意地預先假定某種流行的言論是正確的，再根據它來批評其他言論或是行動，這樣，便很容易為當時當地的人所贊同，因而十分容易壓倒異議。其實，一種言論之為真為假，和風行與否是不相干的。這也就是說，一種言論之是否為真理，和它風行或不風行，其間並沒有必然的關聯。換句話說，一時一地風行的某種言論，也許是真的，也許是假的，歷史的事實，最足以顯示這一點。某種言論在當時當地之所以風行，有環境、羣眾的好惡、利害關係、心理習慣等等方面的原因，而這些原因都是在是非真假範圍以外的原因。原子學說、波動力學等等總可算是真理吧！為甚麼並不風行，

不為人人所傳誦呢？奪人之土，亡人之國，殺人之命，總不能算是真理呢！然而在許多國家裏為甚麼卻瀰漫着這種空氣，比甚麼真理都風行呢？可見風尚不一定是真的；真的也不一定成為風尚。

「習俗或迷信，這些東西也常常歪曲合法的思維路子，而使我們得到不正確的思想結果。西洋人的習俗，嘗以 13 為一個不吉利的數目，13 那一天發生的不幸事件，都與 13 連上，他們以為不吉利之事與 13 有因果關係。於是，凡屬 13，都想法子避免。其實吉利和不吉利，與 13 有甚麼關聯呢？中國有些人相信相面、算八字，但一個人的前途如何，與面貌和八字沒有甚麼相干的。至少，我想不出有甚麼經驗的理由與之相干。而中國許多人想到他的前途，便將這些因子攪雜進去，結果，會想出許多錯謬的結論。例如，坐待命運之來。

「還有，利害關係或情感也很能使思想結果不正確。大凡沒有利害關係或強烈情感發生作用的時候，人的理智在思想歷程中比較容易佔優勢，比較容易起支配作用；在有利害關係或強烈情感發生作用的時候，可就不同了。例如，假若我們普普泛泛地說：凡屬吸鴉片煙的都應該槍斃，× 是吸鴉片煙的，所以 × 應當槍斃。這大概沒有問題，人人會承認。可是，如果說：我的祖父是吸鴉片煙的，所以應當……哎呀！那就有問題了！」

「哈哈！」

「哈哈！」

「你們看，」吳先生繼續着，「這就是由於有利害關係或強烈的情感在思想歷程中作祟，妨害了正確的思維所致。類此妨害正確的思維的因素多得很，我不必一一都說出，請你們自己分析分析。」

吳教授着重地說：「可是，請注意呀！我希望上面所說的，並不引起各位得到一個印象，以為邏輯會使我們在思想的時候，一定可以免除掉習俗或迷信呀！成見呀！風尚呀！情感或利害關係等等因素之不良影響。即令是一個邏輯家吧，在他思想的時候，也不見得敢擔保他自己能夠完全不受這些因素之不良的影響，尤其重要的，我希望諸位不要以為邏輯的目的就在研究這一方面的問題。我的意思只是說：假如我們學了邏輯，真正有了若干邏輯訓練，那麼便自自然然可能體會到，成見、習俗或迷信、風尚、情感或利害關係等等因素，是如何地常常妨害正確的思維，因而知道有意地去避免它們。這種結果，如其有之，只好算是研究的副產物之一種。就邏輯的本身講，它是不管這些的。」

「至於另一方面必須究習邏輯的理由呢？」周文璞問。

「我們可以慢慢地討論。」吳先生抽了一口煙，緩緩地說道：「周文璞！我首先問你。假若我說『一切讀書人是有知識的人』，可不可以因之而說『一切有知識的人是讀書人』呢？」

「當然可以！」周文璞直截了當地回答。

「哦！我再請問你。假若我說『所有法國人的父親都是人』，可不可以因之而說『所有的人都是法國人的父親』呢？」

「嘻嘻！當然不能這樣說。」

「為甚麼？」

「因為，所有法國人的父親固然都是人，可是不見得所有的人都是法國人的父親。例如，我們這些人就不是法國人的父親。所以，不能將『所有法國人的父親都是人』這話倒過來說的。」

「對的！頭一句話『一切讀書人是有知識的人』也是不能倒過來說的。可是，因為我們對於『讀書人』和『有知識的人』之間的關係沒有弄清楚──不知道『讀書人』是『有知識的人』的一部分還是全部，於是胡亂顛倒來說，結果弄出錯誤。其實，一切讀書人是有知識的人，而有知識的人不一定就是讀書人，因為除了讀書以外，還有其他許多方法可以得到知識，所以『一切讀書人是有知識的人』，這話也不能倒過來說的。

「不過，我希望各位明瞭，我之所以說剛才這一段話，完全是為了使諸位易於瞭解，否則我用不着說這一段話。像這樣一個語句一個語句地推敲，不獨太費事，而且有時沒有把握；簡直不是合乎科學的一種方法。可是，假若從邏輯的觀點來看，那就很容易辦了。邏輯告訴我們：這兩

個語句同屬一種型式，都是『一切……是……』這種型式的語句。凡屬具有這種型式的語句，無論它們所表示的內容是甚麼，一概不可倒過來說的。這麼一來，我們一遇到具有這種型式的語句，不管它所說的甚麼，一概不顛倒過來，那麼總不會出毛病的。」老教授說着，深深地抽了一口煙。

「周文璞！我又要問你。」吳先生笑道：「假若我說『一切化學系的學生都是在化學實驗室工作，甲組的學生都是在化學實驗室工作，所以甲組的學生都是化學系的學生』，這個推論對不對？」

「當然是對的。」周文璞毫不遲疑。

「所以囉！所以要學邏輯！」吳先生笑道：「不學邏輯，自己弄錯了還不知道哩！」

「我再請問你，周文璞，假若我說，『一切尼姑都是女性，一切蘇州女人都是女性，所以一切蘇州女人都是尼姑』，這個推論對不對呢？」吳先生又問他。

「當然不對。」

「為甚麼？」

「因為在事實方面，我們知道並不是一切蘇州女人都是尼姑。」

「哦，假若在事實上我們不知道，那麼怎麼辦？」吳先生追問。

周文璞不響。

「王蘊理，你想想看。」吳先生似乎有點發急了。

王蘊理慢吞吞地道：「上面的一個推論，我⋯⋯我⋯⋯想是不對的。吳先生！那個推論中的第一句話只是說『一切尼姑都是女性』，並沒有說『一切女性都是尼姑』。照吳先生在前面說的道理，從『一切尼姑都是女性』這句話推不出『一切女性都是尼姑』。可是，吳先生那個推論中的第三句話『所以一切蘇州女人都是尼姑』必須從『一切女性都是尼姑』這句話合上『一切蘇州女人都是女性』才推論得出。可是，既然『一切女性都是尼姑』這句話不能從『一切尼姑都是女性』這句話推論出來，所以第三句話『所以一切蘇州女人都是尼姑』這話也推論不出來。而吳先生卻這樣推論了，因此是不對的。」

　　「呀！對了！對了！」吳教授很高興。「周文璞剛才說第一個推論對，說第二個推論不對。其實前後兩個推論都是錯誤的，並且它們錯誤的地方完全相等——同樣犯了王蘊理剛才指出的毛病。然而，兩個推論既然犯了相等的錯處，周文璞為甚麼說第一個對，而說第二個錯呢？請各位注意呀！」老教授加重他的語氣。「一般人的毛病就在此。這種毛病，就是由於沒有邏輯訓練而生的。我說，『一切化學系的學生都是在化學實驗室工作，甲組的學生都是在化學實驗室工作，所以甲組的學生都是化學系的學生』，周文璞聽不出甚麼不合事實的毛病，因此他以為這個推論是對的。而我說『一切蘇州女人都是尼姑』，這句話不合事實，他知道在事實上並非『一切蘇州女人都是尼姑』，因此他便

說我的第二個推論不對。的確，這個推論是不對的，可是，
他說我的推論不對之理由卻不相干，不是邏輯的理由。他
正同許多人一樣，從對於事實上的知識來判斷我的推論不
對。恰恰相反，我們確定推論之對錯，不可拿事實作根據。
在施行推論時，我們所根據的，有而且只有邏輯規律。

「為甚麼呢？假設我們對於經驗的知識周詳無遺，那麼
也許有得到正確的結論的希望；如果不是這樣，可就麻煩
了。結果常常會弄出錯誤的結論，並且我們自己很難察覺。
周文璞在上面所說的，便是很好的證據。

「如果我們要確定一個推論究竟是對的或是錯的，唯一
可靠的辦法是看它是否合於邏輯推論的法則。關於推論法
則是些甚麼？以後有機會再告訴大家。假若推論合乎推論
法則，那麼推論一定是對的；假若推論是不合乎推論法則，
那麼推論一定是不對的。」

「吳先生是不是說，我們不必要有經驗，我們對於事實
不必知道？」周文璞很疑惑似的。

「哦！在我所說的話裏面，絲毫沒有包含這個意思。我
也很注重經驗，我也很注意事實，經驗和事實對於人生都
是不可少的。我在上面所說的，意思只是在行嚴格邏輯推
論的時候，推論的對或錯，完全以推論法則為依據，不依靠
經驗或事實；經驗或事實對於純粹推論絲毫沒有幫助的。」

「關於這一點，我還沒有弄清楚。」王蘊理說。

「當然，要真正清楚上面所說的，只有在切實的邏輯訓

練中求之⋯⋯這要慢慢來吧！」

「我們希望吳先生以後多多指教，不怕躭誤時間吧！」
周文璞說。

「不要緊！不要緊！」

「我們今天花費吳先生的時間太多了，以後有機會再來
吧！」王蘊理望着周文璞。

「好！謝謝！再見。」

「再見！」

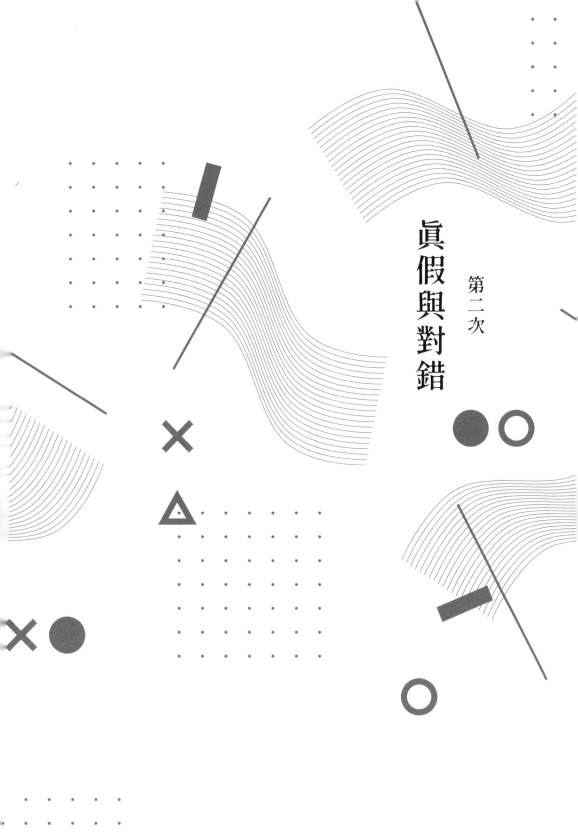

第二次

真假與對錯

周文璞看見王蘊理迎面走來，一把拉住他：

　　「韋立鵬那兒你去過沒有？試探他的態度沒有？」

　　「昨大已經和他談了一下，可是，他對於你所說的事業未表示積極的態度。」王蘊理心不在焉地回答，他對於這樣的問題似乎不感興趣。

　　「那麼，他就是消極囉！」周文璞接着說。

　　「你何以知道？」

　　「是從你的話推知的！你不是剛才說他並不積極嗎？」

　　「我只是說他並不積極而已，並沒有說別的。你何以能由『不積極』而推知他消極呢？」

　　「『不積極』當然就是『消極』。你老是愛咬文嚼字！」

　　「不是愛咬文嚼字，我覺得論事情不能那麼粗忽。我們不能由『一人不積極』，而推論他就『消極』。」

　　「怎見得？」

　　「……十分確當的道理，……我說不出。我只這樣想而已……有機會我們問問教邏輯的吳先生去。」

　　「甚麼時候去？」

「過幾天。」

「哎！過幾天，我可等不得，我們現在就去，好不好？」周文璞不由分說，拉着王蘊理就走。

他們且辯且走，不知不覺到了吳先生的寓所。

「請進！」阿玉開門，指着側邊的書室，「請在這兒稍等一會兒。」

「好多書啊！」周文璞脫口而出。

王蘊理應聲掃視吳先生的書架，只見上面陳列着甚麼 *Principia Mathematica*，甚麼 *Grundlagen der Mathematik*，甚麼 *Tractatus Logico-Philosophicus*，……五光十色，滿滿一大書架。

「哦！你們二位同學來了！請坐。……有甚麼事情？」吳先生從臥室裏走出來。

「我們想來請教一個問題。」周文璞道明來意。

「甚麼問題？」

「剛才……」周文璞笑着說：「我問王蘊理某人態度怎樣，他說並不積極。我說，那麼他就是消極。他說我不能這樣說話。兩人因此辯論起來，不能解決。所以……特地跑來請教。」

「呵呵！你們所說的那位先生究竟是否積極，這是一個態度或實際問題，我不知道……」吳先生沉吟一下，「不過，就語言而論，我們是不能由說『某人不積極』而推斷『他就是消極』的，如果這樣推斷，那麼我們就失之粗心。因為積

極與消極雖然互不相容，但並非窮盡。人的態度除了積極與消極以外，還有無所謂積極與消極。積極與消極是不相容但並不窮盡的。不相容而又不窮盡的名詞，肯定其一可以否定其餘。例如，我們說某人美時，可以推論他不醜，但不可由否定其一而肯定其餘。我們說某人不美時就不能一定說他醜，因為他也許說不上美醜，而是中等人。積極與消極亦然，周文璞卻這樣推論，所以不對。」

「這是否為一個邏輯問題？」王蘊理連忙問。

「與邏輯有相干的。……」吳先生說。

「為避免這些錯誤起見，就得學學邏輯。您說是不是？」周文璞問。

「是的，最好學一學。」

「吳先生可不可以介紹幾本邏輯入門的書給我們看？」王蘊理問。

「在英文方面倒是不少，在中文方面我還沒有找出有太多的適合的書……」吳先生微笑着：「因為，中文的邏輯書中的許多說法，是直接或間接照着許多年以前西方教科書上的說法說的。而這些教科書上的許多說法，近四十餘年來經許多現代邏輯家指出其為錯誤，或者屬於形上學的範圍，或者為知識論的成分，或者甚至是心理學範圍裏的題材。近四十餘年來，西方學人做這類工作已經做得很多了，因此，近二十年來英、美出版的邏輯教科書已經將這些毛病改掉了大部分。可是用中文寫的這類書籍上，我們很少

看到這類改變與進步的痕跡。……有些談的是不是邏輯，我就很懷疑。」

「那麼，我們常常來向吳先生請教，可不可以？」王蘊理迫切地問。

「好吧！暑假放了，我也比較閒空，歡迎常來談談。」

「那是以後的計劃，可是，我們剛才提出的問題還沒有解決呀！」周文璞又把話題拉回。

「剛才二位的問題，在邏輯上是很簡單的，不難解決。……」吳先生說到這裏，燃起一枝煙，慢慢抽着：「就我們東方人而論，我看真正瞭解邏輯或練習邏輯之前，必須將到邏輯之路的種種故障掃除。」吳先生又深深吸了一口煙，沉思着：「照我看來，東方研究邏輯，除了極少的情形以外，似乎還談不到成績。可是烏煙瘴氣卻是不少，這些烏煙瘴氣籠罩在去邏輯之路上。門徑正確、研究有素的人，是不會受影響的，可是，對於初學卻非常有害，常常把他們引上歧路……結果，弄得許多人連邏輯的皮毛都沒有摸着，卻滿口說些不相干的名詞。例如，這個派呀，那個派呀！甚麼動的邏輯呀、靜的邏輯呀！這種情形，徒徒引起知識上的混亂，阻礙知識的進步，很是可惜。」吳先生說着，不斷地抽煙，眼睛望着天花板，好像很感慨的樣子。

「這些烏煙瘴氣是甚麼呢？」周文璞連忙追問。

「這些東西雖然以學術面貌出現，可是其實並非學術。在歐美的學術界是哄不着人的，稍有修養的人是不難分辨

的。我現在不願去提……」吳先生接着說：「……但是，除了一種潮流製造混亂以外，別的混亂是可以分析分析的。由於邏輯在歷史中與哲學混在一起，而且邏輯之大規模運用符號只是近若干年的事，以致許多人對於它的性質不易明瞭。最易發生的混亂，便是將邏輯與經驗的瞭解攪在一起。因為，人究竟是生活在經驗中的東西，而抽象的思想是要靠努力訓練才能得到的。」

「吳先生今天可不可以就這一點來對我們講講呢？」周文璞覺得這一分別很新奇，急於希望知道。

「好吧！不過請你不要性急，聽我慢慢分析。」吳先生笑着又點燃一枝煙：「要分別邏輯與經驗，最好的辦法是分別真假與對錯。」

「我們先談真假。譬如說吧！」吳先生指着桌子上的杯子：「一個茶杯在桌子上。請各位留意，這是一個現象。這個現象，只有有無可言，而無真假可言。可是，如果我們用一個語句來表示這個現象，說『一個茶杯是在桌子上面』，這個語句是有真假可言的。依通常的說法，如果有一個杯是在桌子上，那麼，『一個茶杯是在桌子上面』這個語句為真；如果沒有一個茶杯是在桌子上面，那麼這個語句便為假了。由此可見，這樣的真假，是表示經驗的語句之真假，所以，這樣的真假，乃是等於經驗的語句之真假。一般人常把事物之有無與語句之真假混為一談，因而混亂的錯誤想法層出不窮。須知在事物層面只有有無可言，而無真假

可言；只有到了語言層次，才發生真假問題。可是，更多的人把經驗語句的真假與邏輯推論之對錯混為一談，於是毛病更是迭出。」老教授抽一口煙，用他慣用的急轉語氣說：「邏輯的推論所涉及的，不是經驗語句之真假問題，而是決定那些規律可以保證推論有效的問題。」

「決定推論是否有效的條件不靠經驗嗎？」周文璞插嘴問。

「一點也不！」老教授加重語氣說：「在施行推論時，如果靠經驗不獨不必有助，有時反而有害。經驗固然可以有助於學習，但卻窒礙邏輯推論。我們不僅不應求助於經驗，而且應須盡可能地將經驗撇開。有高度抽象思考能力訓練的數學家或邏輯家無不如此。」

「哎呀！這個道理我真不明白。」周文璞很着急。

「請別性急，我們慢慢來好了。」老教授又吸一口煙：「我現在請問你：如果我作這樣的推論，」老教授說着，順手拿一張紙寫着：

> 一切楊梅是酸的
> 沒有香瓜是楊梅
> ∴沒有香瓜是酸的

「米士特周，你說這個推論對不對？」

「當然對。」周文璞不假思索。

「為甚麼？」

「因為香瓜都是不酸。」

「哦！你還是沒有將語句的真假和推論的對錯分辨清楚。推論的對錯與語句的真假是平行的，各不相干。我現在問你的不是語句的真假，而是推論的對錯。上面的語句『沒有香瓜是酸的』，顯然是一個真的語句，當然不必問你。我問的是推論是對還是錯呀！我現在將上面幾句話稍微變動一下。」

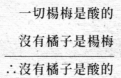

一切楊梅是酸的

沒有橘子是楊梅

∴沒有橘子是酸的

「周文璞，我再請問你，這個推論對不對？」

「不對。」

「何以呢？」

「因為橘子有酸的，當未成熟的時候。」

「哈哈！你真有趣，我在這裏講邏輯，你在那裏報告經驗。」吳先生苦笑着：「請你注意，在第二個推論中，我只把在第一個推論中的『香瓜』換成『橘子』。其實，除此以外，第二個推論的形式與第一個推論的形式完完全全一樣。

然而，你為你的經驗所蔽，從經驗出發而作判斷，結果你說第一個推論對，而第二個推論錯。其實，都錯了。我們茲以X、Y、Z各別地代表上述二個推論方式裏的特殊事物或性質（此處不必在符號上加以標別），如『楊梅』、『酸的』、『橘子』等等，那麼上述二個推論形式之特殊的分別立刻消失，隱含於二者之中的純粹形式顯露出來，因而我們也就立刻可以知道二者實在是一個推論形式。」

吳先生又寫着：

$$一切\ X\ 是\ Y$$
$$沒有\ Z\ 是\ X$$
$$\therefore 沒有\ Z\ 是\ Y$$

「我們要知道，這個推論形式根本是錯的。因而，無論以甚麼事物或性質代入 X、Y 和 Z，整個的推論都不對。原在『一切 X 是 Y』這一語句中沒有普及的 Y 到結論『沒有 Z 是 Y』中便變成普及的了。這種潛越情形，稍有邏輯訓練的人，一望而知。既一望而知，他就可以不管是何內容，只要一看推論形式就知道這個推論不對。可是，就剛才所說的例看來，當着你憑經驗得知『沒有香瓜是酸的』時，你憑經驗說它對。但是，稍一變動，將『香瓜』代以『橘子』時，你馬上又說它錯。殊不知二者皆錯。第一個推論之為錯與

第二個推論之為錯,完全相等,二者在同一形式上為錯。這種情形,熟悉推論的規律者一望而知。由此可見,個別經驗的知識不是有效推論的保證;邏輯規律才是有效推論的保證。在作邏輯訓練時,除了便於瞭解以外,經驗語句作成的例證常是一種窒礙。純邏輯的運思,離開經驗的知識愈遠愈好。如果一個人的思想不能離開圖畫、影像等等因素,那麼他的思維能力一定非常有限;他的思想一定尚在原始狀態。這是各位必須留意的地方。

「從上面的一番解析,我們不難知道,真假與對錯是各自獨立的,至少在施行邏輯的推論時是如此的。所謂各自獨立,是互不相倚之意。這也就是說,語句的真假,不是推論的對錯之必要條件;推論的對錯,也不是語句的真假之必要條件。語句的真假之必要條件,是印證、符合、互譯等等;而推論的對錯之必要條件,則是純粹的邏輯規律。語句的真假與推論的對錯,既然各自獨立而互不相倚,於是各行其是,各自發展,永不相交。……關於這種情形,我們再舉例來說明,就比較容易瞭解。

「真假與對錯,配列起來,共有四種可能。一、語句真推論對;二、語句真推論錯;三、語句假推論對;四、語句假推論錯。

「我們現在將語句作為前題,依照上列四種可能,一一檢試一下。首先,我們看看如果前題真而且推論對,會發生甚麼結果。」老教授在紙上寫着:

凡劍橋大學的學生都是喜好分析問題的

凡三一學院的學生都是劍橋大學的學生

∴凡三一學院的學生都是喜好分析問題的

「可見如果前題真，而且推論對，那麼結論既真且對。」

「其次，如果前題真，而推論錯，那麼結論有時真有時假，但一定錯。」吳先生又在紙上寫着：

凡北平人都說國語

凡國語小學六年級生都說國語

∴凡國語小學六年級生都是北平人

「僅憑推論不知道『凡國語小學六年級生都是北平人』這個結論之真假，因為在實際的事實上，國語小學六年級生也許都是北平人，也許不是，這要靠觀察而定。可是在推論關係中，這個結論無疑是錯的。錯的理由，我們以後要從長討論。」

$$凡活人是有生命的$$

$$杜魯門是有生命的$$

$$\therefore 杜魯門是活人$$

「前題真、結論真，但推論錯。」

$$拿破崙的爸爸是人$$

$$希特拉是人$$

$$\therefore 希特拉是拿破崙的爸爸$$

「前題真，結論顯然假，同時也錯。由以上三個例子，我們可知，如果前題真而推論錯，那結論可真可假，但一定錯。」

吳先生又拿起鉛筆寫着：

$$凡雞有三足$$

$$(1) \quad 凡鼎是雞$$

$$\therefore \quad 凡鼎有三足$$

$$凡人是上帝$$

$$(2) \quad 凱撒是人$$

$$\therefore \quad 凱撒是上帝$$

「第一例表示推論對而前題假，結論真而且對；第二例表示前題假、推論對、結論假，但對。二例合共起來表示，如果前題假而推論對，那麼結論有時真，有時假；但一定對。所以推論對時，前題即使是假的，結論一定是對的。

「第四，如果前題假而推論錯，那麼結論或真或假，但一定錯。例子請自己舉，這樣各位可以得到一個機會想一想。

「從以上的解析看來，我們知道前題無論是真是假，推論錯時，結論可真可假，但也一定錯；推論對時，結論可真可假，但一定對。由此可見，語句的真假絲毫不影響推論的對錯；同樣，推論的對錯，也絲毫不影響語句的真假。既然如此，足見真假與對錯是不相為謀，各行其是的。明白了這些道理，各位就可以明瞭我在前面所說的，為甚麼邏輯的推論不靠經驗語句的真假了。

「為使經驗語句之真假與邏輯推論之對錯二者之間的種種情形一目瞭然起見，我們最好列一個表。」老教授又在紙上畫着：

	前題	推論	結論
1	T	V	TV
2	T	I	?I
3	F	V	?V
4	F	I	?I

「我們首先要舉例說明甚麼叫前題，甚麼叫結論。」吳先生說：「在前面所舉的例子中，『凡人是上帝』、『凱撒是人』，都是前題，『凱撒是上帝』乃是結論。其他類推。

「字母 "T" 是 "True" 字的第一個字母，我們用它代表『真』；"F" 是 "False" 的第一個字母，我們用它代表『假』；"V" 是 "Valid" 的第一個字母，我們用它代表『對』；"I" 是 "Invalid" 的第一個字母，我們用它代表『錯』。至於問號『?』呢？它是用來表示「真假不定」的情形的。我們把這些名詞和記號的指謂弄清楚了，就可以學着讀這個表。

「第一行表示：如果前題真，而且推論對，則結論既真且對，這是上好的情形。科學的知識，必須是既真且對的。第二行表示：如果前題真，而推論錯，則結論之真假不定，但一定錯。第三、第四兩行，各位可以依樣讀出，用不着我囉嗦了。

「不過，」老教授眉頭一動，兩眼閃出銳利的光芒，加重語氣道：「在這個表中，我希望二位看出幾種情形。

「a，從第一和第二兩行，我們可知前題真時，如推論對，則結論固然既真且對；可是，前題縱真而推論錯，則結論不一定真，而是真假不定。可見前題真，結論不必然真；前題真並非結論真之必然的保證。一般人老以為前題真則結論亦必隨之而真，這是經不起嚴格推敲的想法。前題真時結論是否真，還要看推論是否對而定。

「b，從第三和第四兩行，我們可以看出，如果前題假，

則結論之真假不定。所謂結論之真假不定，意思就是說，結論有時真、有時假。關於這一點，我們從前舉 (1) 和 (2) 兩例即可看出。既然如此，可見如前題假，則結論不必然假。一般人常以為假的結論必係從假的前題產生出來的，這也是一項經不起嚴格推敲的想法。

「c，從第一和第三兩行，我們可以看出，前題無論是 T 或 F，即無論是真或假，推論是 V 即對時，結論無論是 T 還是？一定也是 V。由此可見，推論之 V 與結論之 V 有必然的關聯。可見有而且只有推論之對才是結論之對的必然保證。

「d，從第二和第四兩條，我們可以看出，前題有時真、有時假。但是，前題無論是真或假，推論是 I 時，結論雖屬真假不定，但一定為 I。由此可見，推論之 I 與結論之 I 有必然的關聯。這也就是說，無論前題是真是假，只要推論是錯的，結論之真假雖不能定，但也一定錯。於此，我們可以看清一點：從來不能夠從錯的推論得到對的結論。這也是邏輯的力量（Power）之一。

「以上 a、b、c、d 四條合共起來，足以告訴我們：第一，前題真時結論可真可假，前題假時結論也可真可假，可見前題之真假與結論之真假並無必然的關聯。第二，推論對時結論必對，推論錯時結論必錯，可見推論之對錯與結論之對錯有必然的關聯。合第一與第二兩項，我們又可知，真假系統與對錯系統各自成一系統，不相影響。這是我們

研究邏輯時首先必須弄清楚的。……各位該明白了吧！」老教授說到這裏，深深抽了一口煙。

「吳先生把真假和對錯的分別講得夠清楚了。我們還有一個問題，邏輯是否研究文法呢？」王蘊理問。

「這又是一個流行的誤解。」吳先生搖搖頭道：「相對於各種不同的自然語言，有各種不同的文法。例如，英文有英文文法；德文有德文文法；日文有日文文法，……但是，每一種文法所對付的是每一種自然語言所獨有的特點。因而，每一種文法都與其餘的文法不同，日文文法和德文文法不同。邏輯則不然。邏輯固然不能離於語言，但它所研究的不是語言之歷史的或自然的任何特點，而是語言之一般的普遍結構。現代的邏輯語法（Logical Syntax）或普遍語法（General Syntax）就顯示這一點，所以，我們不可將邏輯與文法混為一談。」

「時間不早了，」周文璞看看錶說：「我們花費吳先生的時間不少，有機會再來請教。」

「好！好！有空多來談談。」

「再見！」

推論是甚麼?

「吳先生，您上次說推論的對錯與語句的真假各不相干，我們已經知這推論的對錯與語句的真假，的確不是一回事。可是，甚麼是推論，推論的性質怎樣？我們沒有透徹明瞭，您可不可以講一講？」王蘊理問。

　　「你這樣精益求精的態度是很好的。研究學術，就少不了這種態度。我想關於推論的問題，是應該作進一步的解析。因為這個問題，可以說是邏輯的重要問題之一。」

　　吳先生沉吟了一會兒，又接着說：「不過，在討論這個問題之前，我要介紹一個名詞，就是『知識的精鍊』。所謂『精鍊』是甚麼意思呢？廣泛地說，在我們知識的形成歷程之中，我們藉着理智作用將不相干的因子剔除，而將精髓加以保留。這種作用，我們叫做『知識的精鍊』。從另一方面看來，知識的精鍊是一種選擇與製模作用。我們的知識之形成，有意地或無意地，都經過這類作用的。」

　　「這一點我沒有瞭解。」周文璞說。

　　「是的，這還需要細細討論一下。」吳先生點點頭，接着說：「學過一點生物學的人可以知道，細胞的形狀非常複

雜。研究細胞的人，常將細胞加以製模，將不相干的東西去掉。這樣的一種手續，叫做『製模作用』。藉製模作用而製造出來的細胞，叫做『模式細胞』；模式細胞是細胞的標準，研究細胞時常以它為樣本。在我們知識形製的過程中，也有似此的製模作用，這種製模作用，可對於知識加以精鍊。

　　「可是，一般人在較少的時間對於自己的知識發生懷疑的反省。大多數人在大多數時間以內，都以為自己的知識絕對可靠。各人的知識，或來自感官，或來自傳聞，或來自傳統，或來自集體，或來自測度。一般人對於由這些來源而得到的知識很少經過理智的過濾作用。於是，這樣的一些知識，沉澱到意識之海的，就變成所謂成見。新來的由感官而得的知識材料；由傳聞而得的知識材料，或聯想而得的知識材料，就在這些成見的沉澱基礎上生根。日復一日，年復一年，久而久之，年紀大了，就成為成見累積起來的珊瑚島。珊瑚是很美觀的，許多人之愛護其知識亦若其珍愛珊湖。凡沒有反省思考的訓練與習慣的人，最易堅持他們的成見。這類人的知識，較之有反省思考的訓練與習慣的人之知識，是與情感、意志、好惡，甚至於利害關係糾結在一起。所以，你一批評到他的知識時，即牽扯到他的情感、意志、好惡，甚至於利害關係。可巧，這類人的知識偏偏常常是最不可靠的，偏偏常常是最經不起依經驗、考驗的，於是，他們的知識之錯誤由之而被珍藏。而且，如果種種外在條件湊巧，他們再依此錯誤作起點向前發展，那麼人

類古今的大悲劇便可由之而衍生。」

「還是把話題拉回吧！」吳先生很感慨的樣子，深深抽了一口煙：「有反省的思想訓練與習慣的人，這類的毛病比較少得多，當然不能說完全沒有。因為，在這樣人的思想生活裏，新陳代謝作用比較快。如果我們願意對於自己的知識作一番反省，那麼我們不難明瞭，我們自己的知識並不都是如一般好固持己見者所自以為的那麼可靠；在我們的知識領域中，知識之可靠性是有着程度差別的。

「我們現在拿一個比喻來說明人類知識的這種在程度上的差別。各位讀過初中物理學，知道物體有三態，即氣體、液體、固體。我們現在拿固體來形容最可靠的知識，拿液體形容次可靠的知識，拿氣體來形容可靠程度最少的知識。固體似的知識，是推諸四海而皆準的，是千顛萬撲而不可破的知識。數學、邏輯、理論物理學，是這一類的知識。液體似的知識較易變動，例如，生物學、地質學、經濟科學等等經驗科學的知識都屬於這一類。這一類的知識要靠着假設、觀察、試驗、求證等等程序才能成立；而且其可靠的程度是蓋然的 (Probable)。當然，蓋然程度大小不一，愈是進步的科學，蓋然程度愈大；反之則愈小。一切經驗科學之目標，無不是向着最大可能的蓋然程度趨進的，但是，無論如何，不能等於必然。這個分際是我們必須弄清楚的。氣體似的知識之不可靠，有如浮雲飄絮，一吹即散。我們日常的『意見』屬於這一類。

「顯然得很，在以上三種知識之中，固體似的知識最可靠。而且唯有這種知識才是『必然的』（Necessary）；液體似的知識次之，這種知識是『蓋然的』；氣體似的知識最不可靠。然而第一種知識雖屬非常可靠，但是在人類知識總量之中非常之少；第二種知識較多；可是，第三種知識最多。第三種知識真如大氣，整日包圍着我們，我們整日生活於其中。請各位想想看，流行於一般人之間的意見，究竟有幾個是經得起有嚴密科學思想訓練的人之推敲的？」

「這樣說來，愈是確切的知識愈與人生不接近，而愈與人生接近的知識反而是不可靠的嗎？」王蘊理問。

「至少從知識之效準方面看是如此的。」

「那麼，這不是人類的悲劇嗎？」王蘊理又問。

「……唔！……比起別的動物來，……人類已經好多了！他們沒有像恐龍那樣受到自然災害的淘汰，而且，直到咱們談話的一刻為止，沒有被自己發明的原子彈炸光。並且，也還有一部分人因享有自由，而能夠像個人樣的活着。」吳先生苦笑着。

「怎麼我在許多社會科學方面或有關大家生活方面的書本裏，常常看到『必然』這類的字樣呢？例如『歷史發展的必然』；甚麼制度之『必然』崩潰；甚麼樣的社會之『必然』到來……。為甚麼在這樣的一些場合裏，有這麼多的『必然』呢？」周文璞問。

「這些『必然』……，」吳先生沉吟了一會：「這些『必

然』究竟是甚麼意義，我真抱歉，我不太清楚。就我所知，許多……許多有實際目標的人，特別避免定義確定。不過如果在你所有的這些場合裏，所謂的『必然』，其意義是我在從前以及我在以後常常要說到的必然，那麼是沒有的。因為，在人文現象和社會現象裏，絕無數理的必然，絕無邏輯的必然。如果在這些界域之中有這種必然，那麼人類和社會一定是死的。許多人一方面拚命反對『機械論』，而同時在另一方便特別肯定『必然』，這真是令人大惑不解。如果他們說在人文現象或社會現象裏，所謂的『必然』就是像數理的必然那樣的必然，或像邏輯的必然那樣的必然，那麼這不僅是濫用名詞而已，恐怕對於數理的必然與邏輯的必然之知識不夠。或者，因為對於邏輯的必然之無可置疑，一般人易於發生崇敬感、可靠感，與信賴感；於是有實際目的的人看到了這一點，便藉着『必然』這個文字記號，將人對於邏輯必然的崇敬感、可靠感，與信賴感，巧妙地移置於『歷史發展』、『社會發展』等社會現象或人文現象之上。當着大家相信『歷史發展』或『社會發展』也有必然性，因而鼓動情緒甚至於行動時，那……那不是可以發生『力量』嗎？我想，這些『必然』的真正用意，……是在這裏。

「我們必須當心呀！」老教授提高嗓子，「有實際作用的人，他們用字用句的目標與科學家根本不同：科學家用語言的目標，在於表達真或假、錯或對。許多有實際目標的人之運用語言，其目標只在激動別人。但是，不幸得

很，⋯⋯對不起，我差點又說到使你們年輕人傷心的話來了。⋯⋯」

「沒有關係，沒有關係，⋯⋯我們願意冷靜地聽着。」王蘊理馬上催促着。

「不幸得很，表達真假對錯的語言不一定能激動別人，能激動別人的語言不一定是真的，也不一定是對的。⋯⋯當然哪！」老教授又沉思了一會兒：「由於大家對於真理有一種基於直覺的愛好，甚至追求，許許多多有實際目標的人看到這一點，於是無不肯定凡能激動人的語言一定代表真理。但是，在有科學思想訓練的人看來，激動人的語言不必真；真的語言不必能激動人。希特勒的演說可謂極富激動力了。在戈培爾的設計之下，希特勒的語言曾經幾乎使整個德國人激動，甚至使德國青年少年發狂。⋯⋯現在呢？狂氣過了！真如禪宗說的『雲散水流去，寂然天地空』。我們覺得德國人之瘋狂真是好笑。我們看得清楚，希特勒的演說固然富於激動力，但是很少很少真理的成分。德國人是白死了！這是人類一場大悲喜劇。然而，還有比希特勒演說的激動力更持久的激動語言，這些激動的語言動輒冠以『科學的』形容詞。各位在街頭所見的『科學的』甚麼主義之類，就是這種特色。⋯⋯各位想想看，科學是實驗室裏辛苦的產品，在街頭說相聲的，哪有真貨色？哎！⋯⋯這年頭，許多人為的一些實際利害的衝突，紛紛製造一些假學術，這真是學術的大災害！」吳先生說着，凝視壁上所掛

的羅素畫像。「羅素力戒狂熱之氣（fanaticism），這對於當今之世而言，尤其必要。而戒狂熱之氣，必須多從事邏輯分析。所以，⋯⋯我們還是回到正題吧！

「我在前面說過，我們的知識必須經過製模作用，才可以得到一點精華，而免除一些不相干的成分，或可能的錯誤。知識之精鍊，有賴於方法，所用方法粗，則所得知識粗；所用方法精，則所得知識精。大體說來，知識可由兩種途徑得到，一種是直接的，另一種是間接的。直接的途徑，有知覺、直觀等等。例如，我們看見前街失火，我們在電影上看見凱撒倒下等等。從這種途徑得來的知識固然大體很確切，但是，如果我們的知識途徑只限於此，那麼我們的知識便永遠只能是特殊的，而不能是普遍的；只能局限於一事一物，而不能推廣。不能普遍、不能推廣的知識，永遠不能成為科學，因為科學的知識必須是普遍的和推廣的。要把我們由直接途徑得來的知識加以普遍化和推廣，勢必有賴乎間接的知識途徑。間接的知識途徑很多，不過，對於上面所說氣體似的知識，液體似的知識，以及固體似的知識而言，有猜測、推理和推論三者。藉猜測得到的知識最粗、最不可靠；藉推理所得的知識較精、較可靠；藉推論所得到的知識最精、最可靠。猜測、推理和推論三者，常被視作一類的東西，這是一種錯誤，我們現在要分析一下。

「猜測是最無定軌或法則可循的知識方法。」

「吳先生，你在這裏所說的知識，似乎是廣義的知識。」

王蘊理說。

「是的，我在一開頭就是如此的。猜測多憑天生的心智，或是直覺，或是經驗的累積。猜測的人就算猜中了，也常常說不出一個所以然來，因為他常靠下意識作用，因而猜測之進行，在意識界總是不大明顯的。例如，假如甲和乙住在一起，甲看見乙上街，甲便說：「你上街是到秀鶴書店去的。」乙問他何以知道，他說：『我猜。』猜是在似乎有理由似乎無理由之間的。說它有理由，因為甲和乙住在一起，有時知道他上街是去逛書店的；說它無理由，因為甲沒有理由斷定乙這一次一定是到秀鶴書店去的。猜、猜測，總是不找根據的，即使真有根據。可是，無論如何，猜測不是推論。

「推理，這裏所說的推理是英文的 reasoning。我們在傍晚散步的時候，看見霞彩滿天，常常脫口而出：『明天有好天氣！』這一判斷係從我們觀察晚霞，以及我們相信晚霞與明天天晴之間有某種因果關聯，所推衍出來的。這種推衍我們叫做『推理』。

「從前的邏輯家以為邏輯是推理之學。依照現代邏輯眼光看來，邏輯不是推理之學。為甚麼呢？推理一定以某一理為根據，這也就是說，在推理的時候，是以『理』為前題的。例如，在氣象學家判斷晚霞與明天天晴之間的關聯時，是以氣象學之理為依據的。復次，既云推理，於是被推之理，一定是分殊的，否則談不到被推，而且也無從被推。分

殊之理，各不相同。例如，物理學之理與化學之理不同；化學之理與心理學之理也不同；……既然如此，於是各理有各自的內容。這也就是說，在推理的時候，各個推理各有不同的前題。經驗科學知識獲得的程序，有假設、觀察、試驗、求證等等。由假設到求證，是包含一串推理程序的。在各種不同的經驗科學範圍裏，有各種不同的經驗科學範圍裏的各種不同的理。這各種不同的理，在不同的場合，表現不同的定理、定律，或學說，或原理原則。因此，在不同的經驗科學範圍裏，有各種不同的理有待乎推。當然，我們說『在不同的經驗科學範圍裏，有各種不同的理有待乎推』，這話並不包含『不在不同的經驗科學範圍裏，就沒有各種不同的理有待乎推』，因為前者並不蘊涵後者。其實任何特殊的理都可作推理之前題，因而以任何特殊的理作前題時，推理都可成立。所以推理的範圍是非常之廣的。不過，無論推理的範圍廣到甚麼地步，推理不是推論。」

「推論是甚麼呢？」周文璞連忙問。

「別忙，」老教授笑道：「我正預備分析下去。推論是英文所謂的 inference。推論是甚麼呢？將一切推理中的作為特殊前題的『理』抽掉了所剩下的共同的『推』之程序，就是推論。依此，推論是一切理所共同具有的中心程序，而推理是推論的周邊（Peripheral Parts）。我們舉例以明之吧！凡金屬是可鎔的，銅是金屬，所以銅是可鎔的；凡植物是細胞組成的，玫瑰是植物，所以玫瑰是細胞組成的；凡人是有

錯誤的，聖人也是人，所以聖人也有錯誤。各位不難看出，這三組語句是三個不同的推理。在這三個不同的推理之中，各有不同的『理』作為前題，因而各有不同的結論。可是，各位也不難看出，撇開這三組語句所說的特殊的理不管，這三組推理中共同具有一個型式。這個共同具有的型式就是推理由之而進行的推論型式。請各位特別注意這一點！我們將 F、G、M 來各別地代表上述每一推理中的特殊成素如『人』、『植物』、『金屬』……於是這三個推理所共有的推論型式立即顯露出來。」

吳先生拿起鉛筆在紙上寫着：

$$凡 M 是 G$$
$$凡 F 是 M$$
$$\therefore 凡 F 是 G$$

「邏輯所研究的，」吳先生接着說：「不是上述一個一個的特殊前題的推理，而是為一切推理所必須依據的推論型式。當然，這樣的推論是沒有而且不會有任何特殊的理作為前題的。所以邏輯推論不曾拿化學定律作前題、不曾拿物理定律作前題……，依同理，當然也不拿任何形上學的命辭或觀念作固定的前題。如果是的話，那麼邏輯就變成某種形上學的演展體系，而不復是邏輯了。這一點，許多有形上學癖好或習染的人沒有弄清楚，結果將很清明純淨的邏輯之學，弄得烏煙瘴氣。貽害真是不淺！」

「吳先生！您是不是不喜歡形上學？」周文璞問。

「喜不喜歡是另一個問題。從我剛才所說的話裏，既推論不出我喜歡形上學，又推論不出不喜歡形上學。從我上面所說的話裏，只能推論出：我們不能將邏輯與形上學混為一談而已。」

「為甚麼在推論型式中不能有任何理作為固定的前題呢？問題談到這裏，我們就必須明瞭『空位』的用處。我們一般人，本能地或直觀地，常留意到『實』的用處，因而對於實實在在的東西多發生興趣。但是，很少人對於『空』留意。然而，當我們在某些情形之下，發現因沒有『空』而不便時，我們才會感覺到空之重要不下於實。比方說吧！」老教授笑道：「米斯特周在週末帶女朋友去看電影，可是走到電影院門口，看見『本院客滿』的牌子掛起，停止賣票，你掃不掃興？在這種時分，如果你稍微有點哲學的習慣，你就會感到『空』之重要了。……」吳先生抽一口煙，又說道：「同樣的，『空位』對於推論之得以運用，是一樣重要的。在推論型式中，有了『空位』才能裝進各種各類之理而推之。如果推論型式中先已拿任何理作前題，那豈不類似電影院『本院客滿』嗎？電影院每一場開演之先必須有空位子。同樣，推論型式必須不以任何理作用固定的前題，以便隨時裝進不同的理來行推演，這樣，推論形式才得以盡其功能。

「從邏輯為任何推理所必須依據而它自己又沒有任何特殊的理作為固定前題的一點看來，邏輯毋寧是一程術

(Procedure); 或者，通俗說是一『工具』。當然，就是自身而言，它是一嚴格的科學。現代數理邏輯的輝煌成就，足以表現這一點。」

「吳先生，推論與推理之不同，我們已經弄清楚了，但是，我們還不太明白推論是甚麼。」周文璞說。

「是的，我正預備再加解析的。我們決定一個單獨的語句，例如『太陽是方的』，是否為真，這不是推論。靠推論不能決定『太陽是方的』這個語句是真或是假。這類的問題，必須在自然科學裏去解決，因此，這類的話，也許不合經驗科學，但根本無所謂合邏輯或不合邏輯。我們常常聽到人說這類的話『不合邏輯』，這是一種誤解。一個語句只有落在推論場合，才發生是否合於邏輯之問題。我們要確切地瞭解甚麼是推論，必須知道甚麼是蘊涵關係 (Implication Relation)。推論必須藉着蘊涵關係而行，如果我們說，假若前題真，那麼結論真，在這一關聯之中，結論隨前題而來，於是，在前題與結論之間的這種關係，叫做『蘊涵關係』。例如，」吳先生寫道：

如果他是沒有正式結婚的，那麼他是沒有正式妻室的人。

「在這個例子中『他是沒有正式妻室的人』，被涵蘊在『他是沒有正式結婚的』之中，在這裏，『如果……，則……』

所表示的就是蘊涵關係。不過為了簡便起見，現代邏輯家拿一個像馬蹄的符號表示蘊涵關係，於是，這個例子可以寫成：

他是沒有正式結婚的人 ⊃

他是沒有正式妻室的人

「如果在前題與結論之間有這種關係，那麼結論便是有效的 (Valid); 如果在前題與結論之間沒有這種關係，那麼結論便是無效的 (Invalid)，或說是錯誤的。蘊涵關係可以存在於語句與語句之間，也可以存在於名詞與名詞之間。前者如『一切政客是機智的』這個語句涵蘊着『有些政客是機智的』這個語句；後者如『金屬』這一概念涵蘊『礦物』這一概念。可是，無論是語句也好，無論是名詞也好，涵蘊者叫做『涵蘊端』(Implicans); 被涵蘊者叫做『被涵端』(Implicate)。就前例來說，『他是沒有正式結婚的人』是涵蘊端，『他是沒有正式妻室的人』是被涵端。以涵蘊端為依據，放置一被涵端，這種程術叫做『推論』。所以，推論就是將前題的結論演繹出來。依此，我們可以得到基本的推論原則 (Principle of Inference)。」吳先生寫着：

如 P 且 P ⊃ q，則 q

「詳細一點說，如果 P 是可斷定的，而且 P 蘊涵 q，那麼 q 也是可斷定的。在這一公式中，P 代表任何語句，q 代表另外的任何語句。……你覺得這個原則有用嗎？」老教授問周文璞。

周文璞不響。

「哈哈！」老教授笑着問道：「你是不是不好意思說？你是不是覺得這條原則太顯然易見了，顯然易見到幾乎不用提。是不是？」

「我覺得這是自然的道理。……我……我看不出有特別提出來作為一條原則之必要。」周文璞說。

「哦！是的！問題就出在這裏。你說這是自然的道理，所根據的是直覺，但是，直覺不常可靠，而且邏輯不根據直覺。即使邏輯有時不能不從直覺出發，也得將我們的直覺明文化，即是英文所謂 "officialize"。所謂直覺之明文化，就是將直覺寫成公定的方式，這樣，大家就可明明白白地引用了。在傳統幾何學中，有些推論方式常為幾何學家引用於不自覺之間。例如，如 A 形大於 B 形且 B 形大於 C 形，則 A 形大於 C 形。過去的幾何學家只知這樣推論，而不自覺這一推論係依一個三段式而進行。在現代邏輯中不許可這樣有未經自覺的因素存在。現代邏輯家要求每一步推論必須根據自覺的明文規定的法則而行。現代邏輯之所以號稱嚴格，這是原因之一。依此，我們剛才所說的推論原則，看起來似乎是一自明理，稍有頭腦的人都會依之而思考，

但也須明白提出，以讓大家推論時遵行。」

「這一理由可以叫做『推論原則之明文化』，是不是？」王蘊理問。

「是的。」

「除此以外，是不是還有別的理由？」王蘊理又問。

「還有一個技術方面的理由。就是蘊涵關係是聯起來而未斷的。在從前題而推出結論時，我們必須打斷蘊涵關係之連鎖，好讓結論獨立得到，這就有賴乎一條明文的規則。這條明文的規則，就是我們現在所說的推論原則。推論原則的作用之一即在打斷前題與結論之間的蘊涵連鎖關係，於是有的邏輯家將它叫做『離斷原則』(Principle of Detachment)。塔斯琦 (Tarski) 教授就是其中之一。」

「Tarski 是甚麼人？」周文璞問。

「他是波蘭數學家兼邏輯家。他在美國加利弗尼亞大學教組論 (Set Theory)。他的老師是盧加希維奇 (Lukasiewicz)，也是波蘭邏輯大家，現在流亡英國。波蘭民族對於邏輯上的貢獻甚大。各位總可以知道波蘭人在音樂上的成就吧！這是一個優秀的民族，可惜，國家弱小，他們的貢獻不易被人注意。加之鄰居不佳，使他們又失去獨立，學術文化不能正常發展，優秀的學人紛紛逃亡國外。哎！……」

吳先生凝視着天花板，室內只聽到三個人的吸呼聲。

「赫！」老教授轉念微微苦笑一下：「我們能聚首一室，

談談邏輯，真是萬幸啊！……剛才所說的推論原則是推論原則之最基本的形式。許許多多種類的推論，是依這一基本形式而進行的。」

「推論不止一種形式嗎？」王蘊理問。

「當然哪！一類不同的語句形成及其間之關係就決定一種推論形式的。」

「有那些呢？」王蘊理又問。

「在邏輯上最常見的有選取推論呀！條件推論呀！還有三段式的推論呀！種種等等。現在一口氣說不完。」

「吳先生可以講給我們聽嗎？」周文璞問。

「有機會的時候，當然可以。」

「好，我們下次再來請教。」王蘊理說着便起身告辭。

第四次

選取推論

「哦！你們二位來了！歡迎！這幾天陰雨連綿，待在家裏真不好受，幸喜今天放晴了！」吳先生親自開門，讓他們進去。

　　「是的，因為天晴，我們出外來看看吳先生。」周文璞說：「並且還是想請吳先生講點邏輯給我們聽。」

　　「哎呀！」吳先生沉思了一會兒：「邏輯的範圍這樣大，認真講起來又須要訓練，從何談起呢？……好吧！我們不妨從日常語言中涵蘊的邏輯談起。……照我看來，對於開始學習而言，與其僅僅生硬地講些不甚必要的名詞和條規，不如從分析日常討論的語言着手。我們稍微留意一下便可知道，日常討論的語言中是含有邏輯的。至於含有的成分之多少，那就要看知識程度以及知識類別而定。一般說來，知識程度高的人的討論語言（Discursive Language）中所含的邏輯成分，比知識程度低的人的言談中所含的邏輯成分多。知識的類別也有相干。弄科學的人常易感到語言合於邏輯之重要。至於研究邏輯的專家呢？當然，他們在從事討論時很習慣地用邏輯規律的，這是我們開始究習邏輯最

好從日常討論用的語言着手之理由。不過，日常討論的語言雖然含有邏輯，可是並非日常的討論都合於邏輯，而且日常討論用到邏輯時很少是完備的。當然，邏輯專家的討論語言除外。我們現在所要做的工作是將日常討論的語言裏所蘊涵的邏輯提鍊出來，再加以精製。這有點像從魚肝油製魚肝油精丸；有時也像沙裏淘金，煞費周章。……為着易於瞭解起見，我們還是從簡單的入手。」

「您在上面一連說了好幾個『討論的語言』，是甚麼意思？」王蘊理問。

「你很細心。弄學問就需要如此，有一點含糊都不可隨便放過，必須搞得一清二楚才罷休。這樣，久而久之，咱們的知識就可相當明徹而緻密。我所謂『討論語言』（Discursive Language），意即集中討論一個問題所用的語言。語言的功能並非限於討論的功能。詩人在作一首抒情詩時，他所用的詩的語言是抒情語言；談情說愛的人所用的語言是情緒語言等等，不一而足。在這些語言中，討論的語言之功能在於表達確定的真假，或是非，或對錯，如果不能表達這些，則顯然無討論之可言。如無討論之可言，則有時也許變成抒發情緒哩！」

吳先生抽了一口煙，休息一會兒，又接着說：「許久以前米斯特周同米斯特王的辯論裏，就蘊涵着一種邏輯推論。這種推論叫做 Disjunctive Inference，最新的說法叫做 Alternative Inference，我想將它譯做『選取推論』或『輪選

推論』。這個譯法不見得恰當，但暫時用用也無妨的。」

「我還沒有瞭解。」周文璞說。

「好！……我從頭分析起吧！」吳先生說：「選取推論中的語句是選取語句（Disjunctive Sentence）。像『周文璞是浙江人或周文璞是江蘇人』這樣的語句便是。這類的語句是『周文璞是浙江人』和『周文璞是江蘇人』二個語句中間藉一個『或』字聯繫起來形成的。當然，我們日常言談時，沒有這樣笨拙，而是常常說成『周文璞是浙江人或江蘇人』。不過，這個問題是修辭問題。修辭問題，對於邏輯不重要，甚至於不相干。有的時候，修辭美麗動人的語句，反而不合邏輯。例如，『山在虛無縹渺間』這一詞句所引起的意象非常之美，空靈，令人捉摸不定，寄思緒於無何有之鄉，而悵悵然莫知所之焉。……不過，如從認知的，即 cognitive 的意義來分析，那就完全另一回事了。如從認知的意義來分析，那麼這詞句有兩方面可談。第一方面是問，在事實上，『虛無縹渺間』是否有『山』。這一方面的問題，既是事實問題，與邏輯全不相干，所以，現在我們不當去管。……而且，拿這樣的態度去研究文藝詞藻，結果一定美感全消，意興索然，這種人只好叫做『實心子人』。另一方面我們可從名言來觀察這句話。當然，從文藝觀點看，我們也不應當這樣做。我們之所以這樣做，完全是為了舉例而已。從名言方面觀察，『山』是一事物，『是一事物』涵蘊『有』（There is）；而『虛無縹渺』涵蘊『無』；『無』不能涵蘊『有』，如說

『無』涵蘊『有』，便是自相矛盾。同樣，『有』不涵蘊在『無』中，若說『有』涵蘊在『無』中，也是自相矛盾。……又例如，有人說『智慧圓潤』。『圓潤』拿來形容玉器最恰當，拿來形容智慧，固然可以使人對於智慧發生美好完滿的意象，可是從邏輯的觀點看去，正如從知識的觀點看去，卻非常困難；因為，如果『智慧』是一性質，『圓潤』也是一性質，則用性質來形容性質不若用性質來形容個體之易。『圓的方』、『聰明的糊塗人』……，都是不易思議的表詞。可見邏輯與修辭不是一回事。

「我們現在所要注意的是分析『周文璞是江蘇人或周文璞是浙江人』這樣的語句。這個語句有二個子句『周文璞是江蘇人』和『周文璞是浙江人』，以及一個聯繫詞『或』。這二個子句各別地叫做『選項』。所謂選項，並不一定是『項』，各位不必望文生義。凡在藉『或』表示的選取關係（Disjunctive Relation）之中的任何項目都可叫選項。因而，選項可以是一個語句，如上面所舉的；也可以是一個名詞。例如，『甘地是一位聖人或是一個英雄』，『聖人』和『英雄』都是名詞，也可以是一表示性質的字眼。例如，『葡萄是酸的或是甜的』，『酸的』和『甜的』都表示性質，這些在以後都會提到。選項的數目可以是二個，也可以是三個、四個；在理論上可以有 n 個，當然，在實際上常用的是二三個，多於二三個，就不甚方便。

「選項與選項之間，有二個條件。這二個條件是決定選

取推論可能的基本條件，所以我們必須特別留意：第一個條件是相容與否；第二個條件是窮盡與否。

　　「甚麼叫做『相容』呢？設有二個語句或名詞或表示性質的字眼可同時加以承認，那麼我們便說二者『相容』。兩個相容的語句，例如，『隆美爾是德國人』或『隆美爾是號稱沙漠之狐的』，這二個語句是相容的。因為，如所週知，隆美爾既是一個德國人，又號稱『沙漠之狐』。兩個相容的名詞，例如，『愛因斯坦是一數學家或物理學家』。因為，愛因斯坦既是一位數學家，又是一位物理學家。表示性質的字眼之相容，例如，『蘇曼殊是多才的或多藝的』，多才與多藝這兩種性質常常是聯在一起的。……但是，各位可以知道，並不是所有的語句或名詞或表示性質的字眼都是相容的。如果我們說『他正在北極探險或他正在南極探險』，即使我們無法確定他究竟是正在北極探險還是正在南極探險，我們可以確定他不能既然正在南極又正在北極。像這樣的兩個子句不能同真，所以不相容。其他類推。」

　　老教授抽口煙、伸伸腿，接着說：「所謂『窮盡』，就是兩個或兩個以上的選項盡舉在一個範圍以內所有的可能，或盡舉在一個類（Class）中所有的分子。例如『男人和女人』是否可以盡舉『人類』中之一切分子？如果可以盡舉，那麼我們便說『男人和女人』窮盡了人類；不然，我們便說未窮盡，或不窮盡。……我們現在要問：『男人和女人』是否窮

盡人類的一切分子？關於這樣的問題，許許多多的人似乎覺得不成其為問題。在習慣上一直依據常識或習見習聞、言談的人，多半會說，除了男人以外，便是女人，所以『男人和女人』窮盡人類之一切分子，但是，邏輯家的思想習慣比這嚴謹得多。邏輯家的思想力像探照燈一樣，要儘可能地探尋每一角落，尤其注意到一般人所不曾注意到的角落。就拿上面的話為例吧，依一般情況而論，人，除了男人以外當然就是女人，不過也有少數中性人。中性人既不便歸類到男人，又不能歸類到女人。男人既不願與之結婚，女人也不願嫁這樣的人。哈哈！這就可以證明這樣的人既不能說是男的，又不能說是女的。既然如此，『男人和女人』就不能窮盡人類之一切分子。在我們不能確知所謂的『人』究竟是甚麼性別的人時，如果有人說『不是男人』，我們接下去說『所以是女人』，在最大多數的情形之下，我們這樣接下去說，是不會失敗的。可是，如果我們所碰見的人萬一是個中性人某某呢，那可失敗了。邏輯是講絕對妥當性的，依照邏輯來講話是不許失敗的。所以，即使中性人非常之少，既然不是沒有，在邏輯上還是把他與數目眾多的『男人』和『女人』等量齊觀，而列為可能之一。這麼一來，我們就不能說『男人和女人』是窮盡的。從邏輯的眼光看來，男女二者是『不窮盡的』。既不窮盡，我們從『不是男人』，不能接着說『所以是女人』，這樣，我們就立於不敗之地。從經驗或心理方面出發，在一個範圍或類之中，數目眾多的分子

較之數目少的分子，具有較大的支配力；可是，從邏輯方面出發，少數分子影響推論的力量，與多數分子完完全全相等，即 equally powerful。邏輯家在設定推論方式或規律時，是不會犧牲或忽視任一分子的。如果犧牲了，就不成其為邏輯。」

「哈哈！」吳先生接着說：「像這個樣子說話，各位也許認為太學究氣了吧！我也認為如此。就上列的例子而言，我們儘管不必如此，這是因為我們對於人類的性別之分類，以及男性和女性最多，具有充分的知識。但是，碰到我們所不熟習的事物，我們可沒有這種把握。既沒有這種把握，於是難免犯錯，以不窮盡為窮盡而不自知。例如，我常常聽到人說：『你不信唯物論，那麼你就是唯心論囉！』這種說法，就是誤以為唯物論和唯心論二者在思想上是窮盡的。其實，在思想上，除了唯心論和唯物論以外，選項還多得很。例如，實在論、現象論，⋯⋯等等。因此，如果因某人『不信唯物論』，我們便一口氣咬定他是『信唯心論』是不對的。也許，他連唯心論也不信，他同意實在論，或現象論，或⋯⋯。在我們日常言談之間，類似這樣的錯誤，真不知凡幾！⋯⋯別以為這是書生咬文嚼字的小事，這樣的想法，在實際的發展中，可能招致人類重大的不幸的。例如，有人故意把人分作『資本家』和『無產者』兩種，許許多多人信以為真，於是跟着亂打亂殺，結果造成世界的大禍。他們不稍微想一想，難道社會上人的種類就這麼簡單嗎？如

果並非如此簡單，那麼在採取行動時就可不致太魯莽決裂了。……可見邏輯教育對於人生的重要。」

「碰到類似上述的情形，怎麼辦呢？」王蘊理問。

「在邏輯上很簡單，就是我們先弄清楚所碰到的選項是否窮盡。如果是窮盡的，那麼我們可以由否定其一而肯定另一。可是，如果不窮盡呢？那就得小心，不能這麼順着嘴兒溜下去。……關於這些規律，我們在下面還要從長討論。

「我們在上面已經把相容與窮盡這兩個基本概念解釋了一下。可是，……我們還得作進一步的展示。設有甲、乙二個選項，二者是否相容與是否窮盡配列起來，那麼就有四種可能情形。」

吳先生拿起鉛筆，一面唸一面在紙上寫着：

第一，甲乙既相容又窮盡
第二，甲乙既相容又不窮盡
第三，甲乙既不相容又窮盡
第四，甲乙既不相容又不窮盡

「這些分別，我不明白。」周文璞嚷着。

「我正預備解釋。」吳先生慢吞吞地說：「以上四種可能，只是配列的可能而已，或四種格式而已。這一點是必須首先弄清楚的。

「為便於說明起見，我們在下面所說的選項是名詞或性質。即甲、乙可以各別地代表兩個名詞或性質。相容而

又窮盡的名詞，嚴格地說在實際事物中是沒有的。一定要舉例，我們可以舉一個名詞。全類（Universal Class）與討論界域（Universe of Discourse），這兩個名詞是既相容又窮盡。」

「這一點我還沒有瞭解。」周文璞有點急躁。

「沒有瞭解不要緊，現在記着好了，往後有機會，我們還要討論的。」

「相容而不窮盡的名詞很多，例如，生物與動物。生物與動物是相容的，因為我們說 X 是生物時，它也可以是動物；但並不窮盡。因為我們說 X 是生物時，它也可以是植物。

「不相容而又窮盡的名詞，例如 a 與非 a 這二類，a 與非 a 是不相容的。如果 X 是 a 類，便不是非 a 類的；如果 X 是非 a 類的，便不是 a 類。X 不能既為 a 又為非 a，同時，a 與非 a 二類共同窮盡。X 不是 a 便是非 a，不是非 a 便是 a；a 與非 a 二類以外無第三類。例如，人類以外都是非人類。貓是非人類，鳥也是非人類，蟲也是非人類。⋯⋯如果 X 不是非人類，當然就是人類。沒有既非人類又非非人類的類。所以，人類和非人類二者既不相容而又窮盡。

「不相容又不窮盡，例如，陰與陽。陰與陽不相容，如果 X 是陰性的，便不是陽性的；如果 X 是陽性的，便不是陰性的，X 不能既陰且陽。但是，陰與陽不必窮盡，因為還可以有中性，是不是？」

「決定那些名詞是否相容和是否窮盡，是邏輯的事嗎？」王蘊理問。

「不，不，」吳先生連忙搖頭：「如果說決定那些名詞是否相容與是否窮盡乃邏輯的事，那麼就將邏輯與形上學或概念解析等等混為一談了。這一個分際是一定要界劃清楚的。邏輯根本不問那些名詞是否相容與是否窮盡，但邏輯提出是否相容和是否窮盡這些形式的條件（Formal Conditions）。等到我們將那些名詞相容或不相容，與那些名詞窮盡或不窮盡弄清楚了以後，我們可以將那些名詞安排於上述四個條件之中的那一個條件。這一步驟安排好了以後，邏輯的正事就來了，邏輯就告訴我們在那一條件之下，決定『或』是有甚麼運算能力的『或』。這一步決定了以後，我們就可依之而怎樣去選取推論，即決定此『或』應如何推論。」

「我還不大明白。」周文璞頗感困惑。

「是的，」吳先生說：「這還需要解釋。我們現在依次說下去吧！」

「現在我們拿『X 是 Φ 或 X 是 Ψ』，為一選取語句。『Φ』和『Ψ』代表任何名辭或性質。這個語句在上述相容與否或窮盡與否的配列可能之中的選取推論如下：」老教授寫着：

① 相容而窮盡。如果 Φ 與 Ψ 相容而且窮盡，那麼有二種情形：

Φ 和 Ψ 既然相容，於是：

a.　　　X 是 Φ 或 X 是 Ψ

　　　　X 是 Φ

　　　———————————————

　　　∴ X 是 Ψ 或 X 不是 Ψ

「這表示如果 Φ 與 Ψ 相容，那麼 X 是 Φ 時 X 是否為 Ψ，不能確定。這也就是說，如果二個名辭之所指或性質彼此相容，那麼我們由肯定其中之一，不能肯定或否定其另一。例如，假若我們說 X 是有顏色的，或說 X 是藍的，那麼我們說 X 是有顏色的時候，不能由之而斷定 X 是否為藍的，因為 X 是有顏色時，也許是藍的，也許不是而是旁的顏色，所以我們肯定 X 是有顏色時，不能肯定 X 是否為藍的。於是可知，當着 Φ 和 Ψ 二者相容時，我們不能藉肯定其一而肯定或否定其餘。」

Φ 與 Ψ 既然窮盡，於是：

b.　　　X 是 Φ 或 X 是 Ψ

　　　　X 不是 Φ

　　　———————————————

　　　∴ X 是 Ψ

「這個道理很顯而易見的。假若我們遊山，遠遠看見有個寺院，寺院旁邊站着一個穿法衣的人，如果那個人不是尼姑，那麼就一定是和尚了。所以，如果 Φ 與 Ψ 窮盡，那麼否定其一可以肯定其餘。」

② 相容而不窮盡

$$\Phi \text{ 與 } \Psi \text{ 既然相容，於是：}$$

a.　　　X 是 Φ 或 X 是 Ψ

　　　　　X 是 Φ

　　　　―――――――――――

　　　　∴ X 是 Ψ 或 X 不是 Ψ

結果與①的 a 條相同。

$$\Phi \text{ 與 } \Psi \text{ 既不窮盡，於是：}$$

b.　　　X 是 Φ 或 X 是 Ψ

　　　　　X 不是 Φ

　　　　―――――――――――

　　　　∴ X 是 Ψ 或不是 Ψ

「所謂 Φ 與 Ψ 不窮盡，這個意思就是說 X 不止於或為 Φ 或為 Ψ，也許或為其他，……。既然如此，當着我們說 X 不是 Φ 的時候，我們不能斷定它就是 Ψ。如果警察只抓着甲、乙二個有做賊嫌疑的，還逃掉了一些，那麼在審問口供時，甲說『我不是賊』，那麼法官不能由之而推斷一定是乙。因為，乙也不是賊，而賊是在逃跑的若干人之中。這個道理如果明白指出，似乎不值一提。可是，在我們日常言談或運思的時候，似乎並非如此明白。因為，在這些場合之中，心理、習慣、風俗、傳統，甚至於權威，形成一些『結』。這些結子中的種種，我們以為既不相容而又窮盡的。其實，充其量來，它們只是不相容而已，窮盡則未必。

但我們以為它們是窮盡的，結果常常產生錯誤的思想。例如，『非楊即墨』、『非左即右』、『非前進即落伍』、『不服從就是反對』、『不是共產主義便是資本主義』……種種結子，數都數不清。許多人的想法，一套進去，便出不來。其實，沒有一個結子中的可能是窮盡的，楊墨以外的學說多得很；左邊和右邊以外還有中間；富人和窮人之間還有無數中產分子。……」

「這樣看來，如果 Φ 與 Ψ 可既然相容而又不窮盡，那麼無論肯定其中之一或否定其中之一，都不能據以肯定其餘或否定其餘。這也就是說，在 Φ 與 Ψ 相容而又不窮盡的條件之下，無結論可得。是不是？」王蘊理問。

「是的！」老教授點點頭。

③不相容而又窮盡

Φ 與 Ψ 既不相容，於是：

a.   X 是 Φ 或 X 是 Ψ

    X 是 Φ

$$\therefore \text{X 不是 } Ψ$$

「所謂 Φ 與 Ψ 不相容，意思就是說，如果 X 是 Φ，那麼就不是 Ψ；如果 X 是 Ψ，那麼就不是 Φ。一個人如果是活的，那麼就不是死的；如果一個人是死的，那麼就不是活的。猜骰子時，不是出單就是出雙；如果出單，當然就不是雙。既然如此，於是肯定其中之一，便可否定另一。」

Φ 與 Ψ 既然窮盡，於是：

b.　　　X 是 Φ 或 X 是 Ψ

　　　　X 不是 Φ
　　　　─────────────
　　　　∴ X 是 Ψ

「這種條件與①的 b 條一樣，用不着贅述。

「從以上的解析看來，Φ 與 Ψ 既不相容而又窮盡時，肯定其一可以得到否定的結論；否定其一可以得到肯定的結論。所以，在這種條件之下，無論肯定或否定，總歸有確定的結論可得。」

④既不相容又不窮盡

Φ 與 Ψ 既不相容，於是：

a.　　　X 是 Φ 或 X 是 Ψ

　　　　X 是 Φ
　　　　─────────────
　　　　∴ X 不是 Ψ

「這一條與③的 a 條相同。」

Φ 與 Ψ 既不窮盡，於是：

b.　　　X 是 Φ 或是 Ψ

　　　　X 不是 Φ
　　　　─────────────
　　　　∴ X 是 Ψ 或 X 不是 Ψ

「這一條與②的 a 條相同。」

「結果，在 Φ 與 Ψ 既不相容又不窮盡的條件之下，只肯定其一可以得到確定的結論，而否定其一則不能。

「……我們在以上把選取推論的可能一一列示了，現在，我們不妨將以上所展示的總括一下。如有二個選項，那麼：

「一、相容而窮盡，可藉否定其一而肯定其另一，而不能藉肯定其一以肯定或否定其另一。

「二、相容而不窮盡，既不能藉肯定其一而肯定或否定其另一，又不能藉否定其一而肯定或否定其另一。

「三、不相容而窮盡，既能藉肯定其一而否定其另一，又能藉否定其一而肯定其另一。

「四、不相容而又不窮盡，可以藉肯定其一而否定其另一，但不能藉否定其一而肯定或否定其另一。

「從以上的解析看來，第三種條件的可推論性（Inferability）最強。即是，無論肯定或否定，都可得到確定的結論。第二種條件的可推論性最弱，無論肯定或否定都不能得到確定的結論。」

「但是，」吳先生深深吸了一口煙：「可惜得很，第三種配別，即既不相容而又窮盡的二個選項，恐怕只有邏輯和數學裏才有。在邏輯裏，除了上面所舉 a 和非 a 兩類以外，P 或非 P 二個語句形式也是既不相容而又窮盡的。但是，經驗世界就沒有這樣一刀兩斷的物項，很難找出這樣劃分乾淨的實例，這是各位必須特別留意的地方。邏輯之所立乃

模範型式，並非經驗事物的描述，我們根據這些模範型式，可以施行有效的推論。有些模範型式，單獨陳示出來，好像是不證自明的，可是，當着我們的意識與複雜的經驗糾纏一起的時候，或受心理慣性支配的時候，我們所得到的結論常錯。例如，我在前面舉過的一個例子，『那個人不是贊成唯物論的，那麼就是贊成唯心論的』。這就是順着心理習慣而隨口溜出來的，這個推論是錯誤的。」

X 是贊成唯物論的或 X 是贊成唯心論的

X 不是贊成唯物論的

∴ X 是贊成唯心論的

「其實，上面的一個選取語句是『不相容而又不窮盡的』，既然如此，根據前面所說的，只能藉肯定其一而否定另一，而不能藉否定其一而肯定其另一。依前面第四配列，上一推論應該是：

X 是贊成唯物論的或 X 是贊成唯心論的

X 是贊成唯物論的

∴ X 不是贊成唯心論的

「從上面二個語句，我們至多只能得出『X 不是贊成唯心論的』而已。但是，一般人常易犯前述的錯誤，這就是

將不相容而又不窮盡的選項當作不相容而又窮盡的選項。其實，唯心論與唯物論只是不相容而已，但並不窮盡。因為還有無所謂唯物論或唯心論的思想。這，我們也在前面說過了。將這個問題作邏輯的陳示，我們立刻就不為唯心唯物之爭所套住。……不過，各位不要以為我在這裏是斥唯物論與唯心論之爭，我不過就近取譬而已。其實，我還可以舉別的例子。由此可知邏輯型式之陳示必須是顯明的（explicit）──愈顯明愈對於我們在推論上有幫助。」

　　吳先生一口氣說完又抽了一口煙，顯得有點疲倦的樣子。王蘊理說：「吳先生該休息了，我們下次再來。」

條件推論

第五次

「周文璞，我請問你，假如我說『如果天下雨，那麼地濕』，可不可以因此就說『地濕了，所以天下了雨』？」吳先生問。

「當然可以。」周文璞衝口而出。

「哦！你這人倒真是心直口快。」吳先生笑道：「那麼，灑水車灑過了街，地濕不濕？」

周文璞給這一問，楞住了。

「我再請問你，假若我們說，『如果某人嗜吸鴉片煙，那麼某人便面黃肌瘦』，我們可不可以因此說，『某人面黃肌瘦，所以某人是嗜吸鴉片煙的』？」

周文璞思索了一下：「當然不可以。也許某人營養不良，以致面黃肌瘦。」

「對了！……不過，你所舉的理由，不是邏輯的理由。我們還得進一步研究這些語句之間的邏輯關係。像『如果某人嗜吸鴉片煙，那麼某人便面黃肌瘦』，這樣的語句在舊式教科書中叫做『假定語句』（Hypothetical Sentence）。為了種種理由，我們現在把它叫做『條件語句』（Conditional Sentence）。各位知道這種語句，在英文文法上看作虛擬法

(Subjunctive Mood)。可是在邏輯上，把它看作直敍語句的一種。因此，各位別以為這樣的語句語氣不定。它照樣有所斷定（assert），不過，它所斷說的不像直敍語句那樣，斷說『某人嗜吸鴉片煙』和『某人面黃肌瘦』這兩個語句是否各別為真，這兩個語句在條件語句中是子句。條件語句所斷說的，是這整個語句中子句與子句之間有何真假關聯。

「我們知道邏輯不注意也更不研究經驗內容的，而是注意和研究藉語言表示出來的形式。因此，在這個語句裏，我們所要注意的和研究的不是『某人嗜吸鴉片煙』和『某人面黃肌瘦』這些語句所表示的特殊經驗事物，而是『如果怎樣，那麼怎樣』這樣的形式。這樣形式簡直可以寫……」吳先生一面說，一面拿起鉛筆在紙上寫着：

如果……，那麼——。

「這種形式，」吳先生接着說：「為了方便起見，我們也可以寫作」吳先生又拿起鉛筆在紙上寫着：

如果 P，那麼 q

「不過，就邏輯家看來，這樣的寫法還不夠方便，因為邏輯家有時要行演算。行演算時，寫法愈簡便就愈靈活。為了達到這個目標起見，邏輯家發明了這樣的記號法。」老教授又拿起筆寫着：

P ⊃ q

「這樣一寫，我們不難知道，前一個子句寫作 P，後一個子句寫作 q。於是 P 和 q 不獨可以各別地代表『某人嗜吸鴉片煙』和『某人面黃肌瘦』，而且可以代表任何兩個表示事物之關聯的陳述辭。」

「吳先生在這裏所說的『事物之關聯』，所指的是不是事物之因果關聯呢？」王蘊理問。

「邏輯的正身根本不過問因果關聯。」老教授搖搖頭：「這裏所說的，也不是任何事物之間的任何關聯，而是兩個可以表示任何事物的語句之間的關聯，這種關聯是純形式的關聯。不過，為求應用起見，邏輯家常給純形式以種種經驗的解釋（Interpretations）。如果沒有種種經驗的解釋，邏輯恐怕只為少數邏輯家在系統的建構上或演算方面的興趣而建立，與我們一般人恐怕就無緣了。當然，在一種解釋之下，我們在此所說的關聯，可以解釋為因果的關聯。……不過，這只是種種可能的解釋之一而已，我們還可以提出別的許許多多的解釋。」

「甚麼叫做『解釋』呢？」周文璞連忙問。

「對於一個純形式演算系統之解釋問題，在現代邏輯裏，是一個非常麻煩的問題，直到目前為止，現代邏輯學家們，或語意學家們，未能下個界說。……不過，這是頂層問題，這個頂層問題主要是一理論問題。頂層的理論問題沒

有妥善解決，對於我們現在所進行的討論沒有相干，因為，我們現在所進行的討論，是實際上如何解釋的問題。從這一方面着眼，我們可以不太嚴格地說，對於邏輯形式套上一組表示經驗內容的語句，叫做『該邏輯形式之解釋』。上面所舉的邏輯形式 "P⊃q" 我們可以給予種種解釋。例如，『如果探險隊到達喜馬拉亞山的最高峯，那麼便可得獎』、『如果你刻苦用功，那麼你會成功』、『如果她行為失檢，便會聲名掃地』……。

「我們已經在前面說過，在通常情形之下，每一語句不是真的，便是假的。語句之真假，現代邏輯家叫做『真值』（Truth-value）。當着只有一個語句，比如說 P 時，它的真假值很容易看出，即 P 是真的，或者 P 是假的。在現代邏輯中，表示真與假都有記號，如果 P 是真的，我們簡單地寫作 P，這好像普通代數式前面第一個 "a" 如係『正 a』，我們就逕直寫作 "a" 而不寫作 "+a" 一樣。如果 P 是假的我們就這樣寫。」吳先生拿起鉛筆在紙上畫着：

$$\sim P$$

「另外，為了便於一目瞭然起見，現代邏輯家常列一個表格來表示語句的真值。」吳先生說：「在這種表格中，真就寫作 T，T 係取 True 字的第一個字母；假就寫作 F，F 係取 False 的第一個字母。依照這種記號法，一個語句 P 的真值可以用表格這樣表示出來。」他又畫在紙上：

```
          P   ~P
    ───────────────
    1.   T    F
    2.   F    T
```

「我們要會讀這個表格，」老教授說道：「我們先直着看兩行。P 的下有 T、F 兩個字母，這表示 P 有真和假兩個真值。~P 的下有 F、T 兩個字母，這也表示非 P 也有兩個真值，即假、真。明白了這些，我們再橫着看。第 1 行表示：如果 P 是 T，即真的，那麼非 P 便是 F，即假的。這是一定的道理。是不是？如果 P 是一真語句，則與它相反的語句之反面必然也是真的。因為，反反得正，即反面的反面是正面。第 2 行表示：如果 P 是 F，即假的，那麼非 P 是 T，即真的。這也是一定的道理。如果 P 是假的，則非 P 一定真。」

「假若有 P、q，兩個語句，它們的真值怎樣排列？」周文璞問。

「請別性急，我們一步一步來好了。」老教授說：「如果我們拿『健』與『美』這兩種性質來形容女性，那麼可能的排列，我們可以寫出來。」

1. 既美且健
2. 美而不健
3. 不美而健
4. 既不美又不健

「好萊塢有許多明星既美且健，是不是？例如蘇珊海華
(Susan Hayward) 就是其中之一。美而不健，林黛玉是也！
許多尼格羅婦人，恐怕是健而不美吧！既不美又不健的女
士也有的是。看看美與健的這種排列，我們可以構思，如
果有 P 和 q 兩個語句，那麼二者真假的可能排列有：」

P q
1. T T
2. T F
3. F T
4. F F

「我們看這裏的排列，」老教授指着紙上寫的道：「就可
以知道，P 和 q 兩個語句，二者的真假可能排列不能少於
四個，也不能多於四個，不多不少，剛好是四個。第 1 是 P
和 q 二者都真；第 2 是 P 真而 q 假；第 3 是 P 假而 q 真；
第 4 是 P 和 q 兩者皆假。P 和 q 的這種真假可能排列，與
上述美與健的可能排列是一一相當的吧！因我們瞭解美與

健的可能排列，就可瞭解 P 和 q 的真假可能排列。假如我
們所取的語句有 P、q、R 三個呢？那麼它們的真假可能
排列自然有八：

$$PqR$$
$$TTT \quad FTT$$
$$TTF \quad FTF$$
$$TFT \quad FFT$$
$$TFF \quad FFF$$

「在理論上，我們所取的語句可以有 n 個之多。每一語
句既經假定有真假二值，於是 n 個語句的真假值就有 2^n。
所以，n 個語句的真假可能排列概依 2^n 的公式來計算。……
不過，在實際上，我們所取的語句，通常是三個或四個，多
於此數就不方便。

「我們知道了 P、q 等語句的真值情形，我們就可以進
一步知道，現代邏輯家規定在甚麼真值情形之下，P⊃q 為
真。關於這一點，用表格法可以表現得最清楚。

	Pq	P⊃q
1.	TT	T
2.	TF	F
3.	FT	T
4.	FF	T

078

「這個表格告訴我們：在第一種條件之下，P⊃q 為真。這也就是說，如果 P 真而且 q 也真，則 P⊃q 也真。例如，『假若患血壓病的人飲酒過量，那麼血壓增高』。在第二種條件之下，P⊃q 為假，這也就是說，如果 P 是真的而 q 是假的，那麼 P⊃q 整個是假的。例如說，『如果史達林死了，那麼我吃下這頂呢帽。』在事實上，史達林死了，但我不會吃下這頂呢帽。……史達林死了，我們正好喝杯酒哩！在第三種條件之下，P⊃q 為真，這也就是說，如果 P 是假的而 q 是真的，那麼 P⊃q 整個兒是真的。例如，『如果太陽從西邊出來，那麼天文學家修正其學說』。在實際上，太陽不會從西邊出來，而儘管如此，天文學家時常修正其學說。在第四種條件之下，P⊃q 也為真，這就是說，在 P 為假而 q 也為假時，P⊃q 整個是真的。關於這一條，各位只要記得邏輯只管形式不管經驗內容，便可明瞭。在這一條件下，雖然 P 是假的，q 也是假的，但這影響不到 P 與 q 之間的蘊涵關係。P 和 q 自己是假的，這是一件事；P 和 q 之間有蘊涵關係，這是另一回事，我們必須分別清楚。P 和 q 儘管都假，但二者之間的蘊涵關係存在時，P⊃q 當然真。例如，『如果恐龍現在飛得起來，那麼現在天昏地暗。』現在沒有恐龍，也沒有天昏地暗。所以二者皆假，但整個蘊涵關係成立。

「從上面所陳示的，我們可以知道，在表格所列的真值情形中，只有在第二種條件之下 P⊃q 才假，在其餘條件之下，P⊃q 皆真。這樣看來，P⊃q 所表示的蘊涵關係是比

較寬泛的一種關係。雖然比較寬泛，但卻為我們所不可少，因為，條件推論是有賴於這種關係的。」

「吳先生！您說的蘊涵關係，在第一種情形下成立，那是很自然的，可是在第三種情形下也成立，即，如 P 假而 q 真時也成立，這似乎不習慣。照我們想 P 假而 q 真是不可能的。」王蘊理說。

「是的，『P 假而 q 真是不可能的』，這在一種說法之下是如此，哈佛大學教授 Lewis 就是這麼說的。他並本着這種說法而發展出了那有名的嚴格蘊涵系統（System of Strict Implication）。不過，為數學的精確推理上的便利，我們必須承認包含第三種情形的蘊涵關係成立，嚴格的科學語言也少不了它。這方面的理由，我們現在不討論。……至於習慣與否，並非真假與否的標準。科學是常常打破常識的習慣或成規的；科學的結論也常使我們覺得不自然。這……是我們應該努力去接近的。

「我們以上所說的，主要地，是現代邏輯家對於 P⊃q 這樣形式之解釋。……」老教授沉思一會兒，接着說：「除此以外，對於這個形式，還有一種傳統的解釋。這種傳統的解釋，對於科學的研究，以及日常的推理，都是多少有幫助的。在傳統的解釋中，我們把 P 叫做『前件』（Antecedent）；把 q 叫做『後件』（Consequent）。」

「前件與後件有甚麼關係呢？」周文璞插嘴問。

「我正預備作進一步的說明。前件對於後件而言，有三

種關係：第一，充足條件（Sufficient Condition）；第二，充足而又必須的條件（Sufficient and Necessary Condition）。後件對於前件而言，乃必須條件（Necessary Condition）。

「這三種條件，法定條件語句的前件與後件之間的推論可能，所以非常重要；這三種條件，在經驗科學裏引用起來，我們更可以看出它們的重要。我們現在要依次解釋一下。」

吳先生抽一口煙，沉思一會兒，接着說：「我們先討論甚麼叫做充足條件。如果有 X 則有 Y，而且無 X 則有 Y 或無 Y，那麼 X 為 Y 的充足條件。這就是說，如果有 X，那麼便有 Y，可是沒有 X，不見得一定沒有 Y；沒有 X 時，也許有 Y，也許無 Y。如果 X 對於 Y 有這樣的關係，那麼 X 便是 Y 的充足條件。舉個例說吧！如果出太陽，那麼人看得見，可是不出太陽時，人不見得一定看不見，因為出月亮或有電燈時，人照樣看得見。在這樣的關係中，『出太陽』是『看得見』的充足的條件。同樣，我們在前面所說的『下雨』也只是『地濕』的一個充足條件，因為，下雨地固然濕，但不下雨，地不見得一定不濕。

「其次，我們要討論必須條件。墨子〈經說上〉有一句話：『故，小故有之不必然，無乎必不然。』在這一句話中，『有之不必然，無之必不然』用來表示必須條件，真是再恰當也沒有了。這句話翻譯成我們現代的語言是：如果有 X 那麼有 Y 或無 Y，而無 X 時則無 Y；那麼 X 為 Y 的必須條

件。這也就是說，如果有 X 那麼也許有 Y，也許無 Y 不一定，可是，如果無 X，那麼一定也就無 Y。這就是所謂『有之不必然，無之必不然』。當花是有顏色時固然不必是紫的，可是如果花是沒有顏色的，那麼一定不是紫的；如果花沒有顏色，那麼便根本說不上紫的或黃的或藍的。在這種關聯上，『有顏色』是『紫色』的必須條件。

「我剛才舉這個例來說明甚麼是必須條件，二位也許覺得顯然易明，但是，這種條件如果混攪在複雜的事物之中，恐怕不見得如此顯然易明吧！例如，經濟條件在我們看來，對於人類的美好生活，只是一個必須條件，可是，由於長期有計劃的宣傳或現實生活苦惱之影響，許多人把它當做美好生活之充足而必須的條件，這顯然是不正確的。我們固然可以說，經濟條件不滿足時，人不能有美好的生活，但我們不能反過來說，經濟條件滿足了，人便有美好的生活。因為，即使經濟條件滿足了，而其他條件如道德、秩序、科學、藝術等等，未滿足時，人仍無美好生活，是不是？其他依此類推。

「第三，我們要談談甚麼是充足而又必須的條件。墨子〈經說上〉說：『大故有之必然，無之必不然。』這話可算是充足而又必須的條件之簡明的陳述。用現代的語言來說，充足而又必須的條件是：如果有 X 則有 Y，而且如果無 X 則無 Y，那麼 X 為 Y 之充足而又必須的條件。如果二氫一氧相化合，那麼成水；如果無二氫一氧相化合，那麼就不能成水。在這種情形之下，『二氫一氧化合』乃『成水』之充

足而又必須的條件。直到此刻為止，還不能用人為方法製出葉綠素。要製出葉綠素，必須靠日光，如果沒有日光，便沒有葉綠素；如果有日光，便有葉綠素。在這種情形之下，我們說『日光』是『葉綠素』製出之充足而又必須的條件。

「我們必須明瞭，充足而又必須的條件在自然界的研究中是較多的。所以，自然科學家所希望求得的條件，多為充足而又必須的條件。但是，在社會現象或人文現象中，許許多多條件常常是相互交織或彼此牽連的。於是這些條件常常互為充足條件，或互為必須條件。所以，至今為止，除經濟科學——不是甚麼史觀——稍具科學面目以外，所謂社會科學，遠不及自然科學來得精確。明瞭了這個道理，那麼，如果目前有人說他在社會現象裏發現了唯一的真理，並且可藉之以解決整個人類的整個問題，我們似乎需要以極其謹慎的態度予以考慮。」

「……復次，」他又補充地說：「我們要明瞭，上述三種條件，不過是三種格式，或三種型定方式（Formulations）。我們在上面說有三個條件，這話並不表示在這個世界上有那些現象天生是另一種現象的必須條件，那些現象天生是其他現象的充足條件等等。在理論物理學中，我們要接近一個概念，不只可經由一條路徑，而可經由幾條路徑。類似地，我們要把那一現象當作充足條件，或必須條件，或充足而又必須的條件，這全視情境的需要甚或研究程序上的便利而定，所以，我們不可看得太膠執。我們栽一株玫瑰，當

土壤、空氣、日光和水分俱備，但無磷肥它未開花，這時，我們加入適量的磷肥，玫瑰就開花。在這種情境之下，『加入磷肥』是『開花』的充足條件，或充足而又必要的條件。可是，如果其他條件未滿足，例如沒有水分，則雖已經加入磷肥，也未必開花。在這種情境之下，『加入磷肥』對於『開花』而言，就不成必須條件了。這樣看來，一個條件是否為充足條件，或是否為必須條件等等，不能由它僅由一組因素所構成的一個情境中去決定。所以，我說何者為何種條件，全視情境的需要甚或研究程序上的便利而定，不可膠執。不過，」老教授眉頭閃動，眼中露出一股嚴肅的光芒，他說：「我們的思路不要順着溝兒溜，以為『不可膠執』就是可以『隨隨便便』。我們已經說過，決定何者為何種條件，是要視情境的需要甚或研究程序上的便利而定。既然如此，情境的需要以及研究程序上的便利，就是決定何者為何種條件的條件。是不是？既是有條件的，當然就不是可以隨便把甚麼當做甚麼條件。是不是？復次，」老教授加重語氣說：「一旦我們因情境的需要或研究程序上的便利，而決定甚麼是甚麼條件以後，我們據之以行推理時，更不能隨隨便便，而是要依照邏輯規律行事的。」

說到這裏，吳先生將身子靠在椅背上，休息了一會兒，慢慢吸着煙。然後，他又開始說：「在以上我們解釋了甚麼是條件語句、前件、後件，以及充足條件、必須條件和充足又必須的條件。現在，我們要進而談談條件推論的一些

規律。一提到『規律』，二位不要頭痛。其實，如果明瞭了條件語句的性質，明瞭了甚麼是前件和後件，以及上述三種條件，自然會明瞭我所要談的規律，用不着死記的。就一般的情形而論，前件與後件是充足條件對必須條件的關係，所以我們還是從這一關係開始吧！

「如果前件為後件的充足條件，而且後件為前件的必須條件，那麼推論規律有四條：

「第一條，從前件真可以推論後件亦真，這就是說，肯定前件可以肯定後件。這一條的道理是很顯而易見的，因為前件是後件的充足條件。既然如此，於是前件滿足時，後件亦隨之而滿足。如果溫度增高，那麼物體膨脹。在其他情境不變之下，溫度增高了，物體隨之而膨脹。

「第二條，從前件假不可以推論後件真或假。這也就是說，前件假時，後件可真可假，不一定，這個道理也是顯然易見的。前件是後件充足條件，充足條件可以不止一個而可有許多個。一個充足條件不滿足時，也許別的充足條件可以滿足。既然如此，我們不能因某一個充足條件未滿足而否定後件。總而言之，一個充足條件未滿足時，其他充足條件是否滿足，則不得而知。既不得而知，於是我們不能由一個充足條件為假時而推論後件是真的還是假的。例如，構成人死的充足條件很多，人可以被打死、殺死、餓死、病死、氣死、老死……。假如我們說，『如果某人被殺，那麼他死了』，可是我們不能接着說，『如果某人未被殺，

那麼他不死』，因為，他也許被打死、被餓死……。在這類情形之下，否定前件不能否定後件。可是，有的情形不同。例如『如果他的功課平均得九十分，那麼他可以得到優秀生獎學金』，可是『如果他的功課平均沒有九十分，那麼他得不到優秀生獎學金』。在這種情形之下，否定前件可以否定後件。既然在有的情形之下否定前件不可以否定後件；而在有的情形之下否定前件可以否定後件；而邏輯所說的永遠是普遍的 P 和 q，所以從否定前件一概不否定或肯定後件，便永遠不會錯的。因為，既說是邏輯規律，必須存有普遍妥當性。所謂普遍妥當性，即對於每一個情形都真。這是邏輯規律的特色。」

「我們說真假不定，因而不作積極肯定，這有甚麼用呢？」周文璞趕緊問。

「哎！」吳先生歎了一口氣：「年輕人就喜歡簡單的確定（Simple Certainty）這類的說辭，真是害人不淺！如果不能確定的事物，我們就還他一個不能確定，老老實實說不能確定，留着一步一步去切實研究，理就可明白了，……世界不也就太平了嗎？邏輯之為學，從一方面看來，就是嚴格地劃分那些是可以確定的，那些是不能確定的之學。當着世人常將不能確定的當作確定的，因而得到偽推論或偽知識時，邏輯家告訴人，那一些推論不一定為真，或不一定為假，因而可避免得到偽知識或偽結論時，影響所至，豈不對人生很有益嗎？

「……其實，以上關於前件假則後件真假不定的解析，完全是為了說明的方便，否則用不着那麼麻煩。我們只需規定（stipulate），若前件為後件的充足條件，那麼前件假時，後件真假不定，就足夠了。

「第三條，從後件真不可以推論前件真或假。這也就是說，當着後件真時，我們既不可推論前件是真的，又不可以推論前件是假的。因為，後件真時，前件有時真，有時假，不一定。既然後件真時前件真假不定，所以不能作任何推論。我們在以前舉的例子，說『如果下雨，那麼地濕』，周文璞馬上就接着說『地濕了，所以下了雨』，這就是由肯定後件而肯定前件，即由後件之真而推論前件亦真。一般人容易這樣想。但是，這樣的想法，是不妥當的。因為，別的原因也可以致地濕，所以，我們不能由『地濕』而推論『下雨』。邏輯的訓練，告訴我們：如果這樣想，所得到的推論不一定有效。對於『下雨』與『地濕』這樣簡單而易於指明的前件與後件之間的關聯，二位也許覺得並不嚴重，不需要邏輯訓練即可辨明。但是，碰到複雜的知識，我們不知悉前件與後件的關係時，如沒有邏輯訓練，而且不知道前件與後件之間的這些推論應守的分寸時，一定難免弄出錯誤。從前有位學者，他作了一篇論文說墨子出於印度。他的理由是墨子是墨者，而印度人也是黑的，所以，墨子出於印度。這就是犯了肯定後件因而肯定前件的錯誤。他的推理方式可以寫成：

如果□□是印度人，那麼□□是黑的。

□□是黑的，所以□□是印度人。

「這種推論，與周文璞最先所作的是一樣的。這樣看來，邏輯訓練還不重要嗎？

「第四條，從後件假可以推論前件必假，這也就是說，必須條件未能滿足時，充足條件必不能滿足。如果是一動物，那麼必然是一生物；但是，如果根本連生物都不是，那麼當然更說不上是動物了。

「總結以上所說的，前件真時，有肯定的推論力；後件假時，有否定的推論力。可是前件假和後件真時，都沒有推論力。……各位明白了吧！」

「明白了。」王蘊理說：「如果前件是充足而又必須的條件，那麼推論必須依照甚麼規律呢？」

「如果前件是充足而又必須的條件，那麼推論規律是對稱的，非常簡單。即是：如前件真則後件真；如前件假則後件假；如後件真則前件真；如後件假則前件假。」

「這樣說來，」王蘊理說：「我們首先必須將前件確定清楚，看它究竟是充足條件還是充足而又必須的條件，然後才能決定引用甚麼推論規律。是不是？」

「是的，」吳先生答道：「不過，邏輯只告訴我們有這些條件，以及這些條件的推論規律。至若那些前件是充足條件，那些前件是充足而必要的條件，那不是邏輯的事。可是，一旦我們決定了那些前件是甚麼條件，再運用推論規律時，我們才走進邏輯的範圍。這是必須劃分清楚的。」

第六次

二難式

「如果你結婚，那麼便有家室之累；如果你不結婚，那麼便會感到孤獨苦悶。你只有結婚或不結婚二種可能，所以你不是會有家室之累，便是會感到孤獨苦悶。」吳先生笑着說：「周文璞！你怎麼辦？到底要不要結婚？」

　　周文璞思索一會兒，現出困惑的樣子，無詞以對。

　　「請問，這是不是一個邏輯問題？」王蘊理問。

　　「邏輯問題？」吳先生一閃眼：「你問得有點籠統，這個問題是應該分開說的。如果就他要不要結婚這個事實來說，當然與邏輯不相干，因而也就不是一個邏輯問題。可是，如果就剛才用語言表達的論證形式來說，那就是一個邏輯問題。……周文璞！你剛才給我的問題難倒了，是不是？」

　　「是的。」

　　「你覺得答應結婚也不好，答應不結婚也不好，是不是？」

　　「是的。」

　　「對了！」吳先生笑道：「你給難住了！這種論辯方式就是二難式，原文叫做 "Dilemma"。二難式是古代希臘辯士

創出的。獵人常常設個陷阱，野獸落入其中，不能跳出，最後被獵人擒獲。同樣，希臘辯士常常拿這種辯論方式，設成一個語言或思想圈套，使陷入其中的人，無論反對或贊成那一端，都感到困惑，無以自拔，以致論辯失敗。所以，這種辯論方式叫做「二難式」。現在善於才辯的人，碰着機會，也常用這種方式來難人的。

「二難式的形式是很多的。可是它的基本形式可以分作四種：

「第一種是簡單肯定前件的二難式。我們說：『如果天氣熱，那麼人很難受；如果天氣冷，那麼，人也很難受。天氣只有熱或冷，所以人總是難受。』

「以上所說的，不過是簡單肯定前件的二難式之一例而已，各位請特別注意。我之所以舉例，完全是為着便於瞭解。其實，邏輯之成立，不靠實例。我們在研究邏輯時，最要注重的是邏輯形式。如果我們不注重邏輯形式，而只注重說明的實例，那麼我們將一輩子在邏輯門外轉來轉去，而不得其門而入，更談不到應用邏輯了，因此，在我們一看到所舉實例的時候，立即應該想到藉這實例所表徵出來的邏輯形式。上面的一個例子所表徵的簡單肯定前件的二難式之形式是這樣的。」

吳先生拿起鉛筆在紙上寫着：

$$\frac{如果甲則丙；如果乙則丙}{甲或乙}$$

∴丙

「第二種是簡單否定後件的二難式。我們說：『如果馬林可夫想統治世界，那麼他須擁有超級原子彈；如果馬林可夫想統治世界，那麼他的作風須使全世界的人心悅誠服。然而，馬林可夫既未擁有超級原子彈，又不能使世界的人心悅誠服，所以馬林可夫不能統治全世界。』我們可以再列舉一個比較難以對付的例。」老教授寫着：

一個東西是在它所在的一點動

或者在它所不在的一點動

一個東西既不能在它所在的一

點動，又不能在它所不在

的一點動

所以一個東西總是不能動

「這種二難式的形式是，」吳先生又寫道：

$$\frac{如果甲則乙；如果甲則丙}{非乙或非丙}$$

∴非甲

「第三種是複合肯定前件的二難式。例如說：『如果學而不思則罔；如果思而不學則殆。或者不思或者不學，所以非罔即殆』。又如《孟子》上說的：『如周公知而使之，是不仁也；如不知而使之，是不智也。周公必知而使之，或不知而使之。故周公不仁或為不智。』（未全照原文）在舉實例的時候，為着修辭的方便，我們常常沒有把它照邏輯形式擺出來，但這是很容易的事。這個實例就不難照邏輯方式重寫一遍，不過，這卻大可不必。

「這種二難式的形式是：

如果甲則乙；如果丙則丁

甲或丙

∴乙或丁

「由這個形式，我們可以知道複合的肯定前件的二難式是從二個不同的假定前題和一個選取的前題，得到一個選取結論。

「第四種是複合否定後件的二難式。比方說『如果他有惻隱之心，那麼他不做害人的事；如果他有羞惡之心，那麼他便不做無恥之事。他現在所做的事不是害人便是無恥，所以他不是無惻隱之心，便是無羞惡之心。』再如說：『如果一個人是聰明的，那麼他知道自己的錯誤；如果他是誠實的，那麼他會承認自己的錯誤。他不知道自己的錯誤或不承認自己的錯誤，所以，他不聰明或是不誠實。』

「這種二難式的形式是：

$$如果甲則乙；如果丙則丁$$
$$\frac{非乙或非丁}{\therefore 非甲或非丙}$$

「我們在以上將二難式的四種形式討論過了。」吳先生抽了一口煙，休息了一會兒，接着說：「從辯難的觀點看來，二難式是很有力量的一種辯論方式，可是，從邏輯觀點來看，二難式根本是多餘的。從上面所陳列的形式看來，各位可以不難看出，二難式在基礎上，是條件推論和選取推論二者複合起來構成的。而且分析到最後，二者又可以完全化約而為選取推論。不過，這是一個技術問題，我們在這裏不能也不必去管它。可是二難式既是由條件推論和選取推論複合而成的，於是在作二難推論時，也不可不依照這二種推論所須依照的規律。這是我們應該注意的。……復次，二難式的論目，至少在理論上不限於二個，可以有三難、四難，以至於 N 難。而且，各位尤其要注意的，所謂的『難』根本是一個心理狀態。在邏輯上，沒有難不難的問題。」

「二難式有辦法破嗎？」周文璞急忙問。

「有的。」吳先生說：「反駁二難式的方法有三：第一，否認前件為後件的充分條件；第二，否認選取語句是互不相容或是共同窮盡的；第三，作一個二難式使結論與之相反，各位可以自己試試。

「我在前面說：『如果你結婚，那麼便有家室之累；如果你不結婚，那麼便會感到孤獨苦悶。你只有結婚或不結婚二種可能，所以你不是會有家室之累便是會感到孤獨苦悶。』如果你要反駁這個二難式是不難的。你可以說：『如果我結婚，那麼可有伴侶之樂；如果我不結婚，那麼可免家室之累。我只有結婚或不結婚二個可能，所以，我或是有伴侶之樂或是可免於家室之累。』這不剛好針鋒相對嗎？這種反駁的辦法，就是藉打破前件為後件的充足條件之關聯，而另作一個二難式。」

「這倒是很妙的！」周文璞說。

「我們還可舉出一個有名的例子，也是很妙的。」吳先生說：「古代希臘辯士勃洛泰哥拉斯（Protagoras）和伊納塞拉斯（Enathlas）二人之間訂立了一個合同。合同中所規定的條件有三個：第一，勃洛泰哥拉斯教伊納塞拉斯的法律；第二，畢業時伊納塞拉斯須付束修的一半；第三，其餘的一半須於伊納塞拉斯第一次官司打勝時付清。可是，卒業後，伊納塞拉斯並未執行律師事務。勃洛泰哥拉斯等得不耐煩，就到法庭去控告伊納塞拉斯。他控告時就提出這樣的一個二難式。」老教授順手寫道：

> 如果伊納塞拉斯勝訴，那麼依合同
> 他得付償；如果伊納塞拉斯敗
> 訴，那麼依法庭判決他得付償
> 伊納塞拉斯無非是勝訴或敗訴
> ———————————————
> 所以，他一定得付償。

「可是，」老教授笑道：「他這位學生也刁鑽得很。他造出與勃洛泰哥拉斯的二難式完全相反的二難式。」他又寫下：

> 如果我勝訴，那麼依法庭判決我不
> 應付償；如果我敗訴，那麼依
> 照合同條件我不應付償。
> 我無非是勝訴或敗訴
> ———————————————
> 所以，我總不應付償。

「哈哈！這師生兩人，可謂旗鼓相當，針鋒相對！勃洛泰哥拉斯的二難式，看起來很難得倒人，可是，經伊納塞拉斯造出相反的二難式一駁，就把它的力量抵銷了。……我現在請問二位，為甚麼會發生這樣的情形？」他們一面思索，一面搖着頭。

「這種情形之所以會發生，是由於二人各自採取了不同的條件。各人把有利於己的條件往自己這一邊拉，藉之造

成二難式；而把不利於己的條件扔在一旁不提，於是自然造成這種大相逕庭的局勢。在他們師徒二人的論難中，有兩種條件：一是法庭判決；二是合同條件。法庭判決包含兩種可能，即：一，無論何人勝訴不付債；二，敗訴得付債。合同條件則相反，即：三，學生勝訴得付債；四，學生敗訴不付債。這裏一共有四個條件，其中二、三兩個條件有利於老師；而一、四兩個條件有利於學生。於是老師根據二、三兩個條件構作一個二難式；學生拿一、四兩個條件構作另一個兩難式。這種辯難，乍視起來，頗使人難以招架。但是，依剛才的解析看來，實在是各說各的，彼此並未碰頭，即 never meet。既然彼此並未碰頭，就是各不相干，可是，如果我們不加解析，就給它迷混住了。可見解析之重要。」

「學邏輯就可養成解析的頭腦嗎？」王蘊理問。

「是的，多弄弄邏輯，就可增進我們解析的技術。只有從事解析，才可把我們的頭腦弄清楚。」

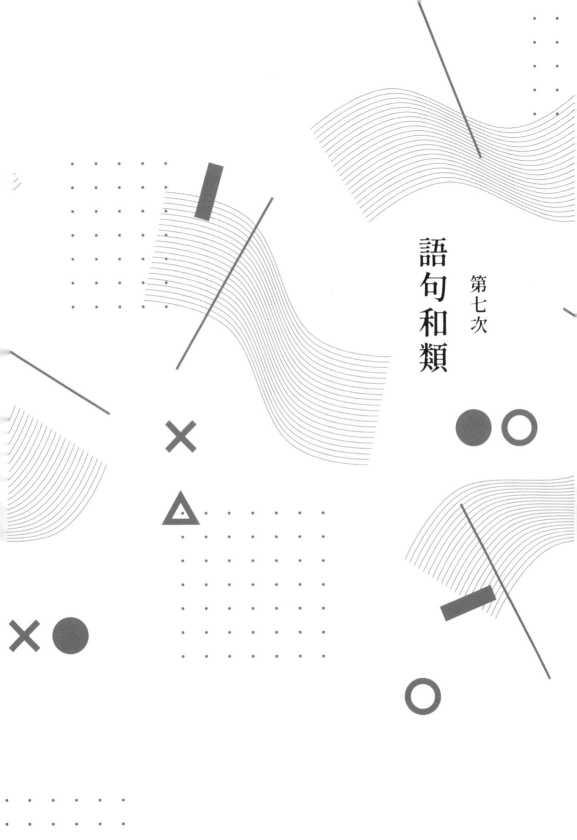

第七次

語句和類

「我們談邏輯談了這許久，談了幾種推論。在這幾種推論之中，我們常常提到語句。可是，我們在這些場合之提到語句，只假定了語句，而對於語句未曾分析。我們在以上之所以如此，是因為在那些推論之中，我們只需以未經解析的語句作推論中的元素就夠了。可是，這種辦法，對於以後所要說的推論行不通。我們在以後所要談的推論是以經過解析的語句作骨架的。因此，我們在這裏必須對於語句加以解析。以未經解析語句作元素的推論可說是外部推論（Outward Inference）。所謂『外部推論』，所涉及的是語句與語句之間的邏輯關係。在這種情形之下，推論有效與否，和各個語句自身內部的結構毫不相干。而以經過解析的語句作骨架的推論，叫做內部推論（Inward Inference）。所謂『內部推論』，所涉及的，並不是每一語句可能表示的特殊內容（Content），而是語句內部的邏輯結構。比如說，甚麼包含甚麼、甚麼是甚麼的一分子等等。在這種情形之下，推論有效與否，和語句自身內部這類的結構直接相干。」吳先生一面說着一面抽煙。

「我簡直不懂。」周文璞很着急的樣子。

「這當然需要一番解釋。」老教授繼續道：「我們在前幾次所說的選取推論和條件推論，以及二者之複合，都是外部推論，茲以條件推論為例。在條件推論中，我們曾經用過 P、q……等等字母。在這種場合，P、q……叫做『變量』，嚴格地說，叫做『自由變量』（Free Variables）。代數學裏也有變量的，如 X、Y 等。在條件推論之中，我們以 P、q 各別代表任何語句。在這種推論之中，只要合於這種推論的規律，以 P、q 代表語句所行的這種推論總是有效的。在這種場合，我們根本不知道 P、q……的內部結構，而且我們根本無須過問它們的內部結構。當着我們根本不知道 P、q……的內部結構時，條件推論照樣有效。例如說，如果我們知道 P 涵蘊 q，而且又知道 q 涵蘊 r，那麼，我們可以不問 P、q、r 各別地代表甚麼，更不必問 P、q、r 這些語句的內部結構如何，我們可以確切無疑地說，P 涵蘊 r。這樣的推論就是外部推論。既然外部推論完全不靠語句的內部結構，這好比從前津浦鐵路，火車從浦口開到南京，車內乘客根本不用換車，而是火車乘渡輪到南京似的。載人的火車還是原來的火車，火車內面的人還是原來的人，所不同的，只是火車由浦口過渡到南京而已，內容則毫無改變。」

「那麼，內部推論是怎樣的呢？」王蘊理問。

「我打算以後有機會再作比較詳細的解析。不過在談內部推論之前，我們必須對於『語句』有所瞭解。我們現在就

來談這一點。我們著書立說、寫文章、寫信，或表情達意，常藉語言來進行。我們在藉着語言來進行這些事的時候，所用的有意義的單位總是語句。當然，在我們日常言談之間，不一定完全說出一完整的語句。例如，『火！』在這類情形之中，完整的語句形式是隱伏不見；雖然隱伏不見，可是還是有完整的意義。例如『城門失火！』我們在有些場合之中說話或寫文章，為了簡短有力，或為了動聽，或為了逗趣，……常常不說出完整的語句，而只說出一二個字。比如在看戲，我們喝彩，就說：『好！』、『妙！』。我們不說，『這戲唱得真好！』否則就太笨了。是不是？但是，在嚴格的語言之科學的用法裏，卻要求我們陳述完整的語句。簡短有力、動聽、逗趣的語言不見得是精確的語言，精確的語言不見得都是簡短有力的、動聽的，或逗趣的。我在這裏所謂的『精確』語言，至少有一方面的意義，就是能夠確定其真正所指的，或能夠確定其真假。嚴格的語言之科學的用法，必須滿足這一點，所以，我們在這裏所說的『語句』是形式明顯而且語法完備的語句。例如，『莎士比亞是《威尼斯商人》劇本的作者。』

「但是，希望各位注意，我們說合於科學用法的語句是語法形式完備的語句，可是，並不是說語法形式完備的語句就一定是合於科學用法的語句；合於科學用法的語句是語法形式完備的語句之一種或一部分而已。各位都讀過英文文法的。英文文法告訴我們，語句有四種：一，請求或

希望或命令語句；二，詢問語句；三，驚歎語句；四，直敍語句。第一種，例如『請你明天來開會。』或『願上帝保佑自由人。』；第二種，例如『你喜歡喝葡萄酒嗎？』、『第三次世界大戰誰先動手？』；第三種，例如『哎呀！原子彈爆發了！』、『啊唷！木屋區失火了！』；第四種，例如『紐約市有八百萬人口。』、『地球是三角形的。』

　　「在這四種語句之中，前三種是沒有真假可言的。它們也許是倫理或宗教或文學的工具，但不是邏輯的工具。邏輯的工具是第四種語句，即直敍語句。……不過，」吳先生特別加重語氣：「我們必須分辨清楚，在邏輯以直敍語句為研究工具時，邏輯既不研究一個一個特殊的直敍語句的特殊內容，又不研究它的文法構造，而只研究其普遍的語法結構（Syntactical Structures），或有時涉及其語意條件（Semantical Conditions）。當然，關於這一方面，我們在此只能提到而已。我們在此不能走得太遠，這裏所說的直敍語句，許多邏輯家叫做『命辭』（Proposition）。語句和命辭的分別，是一個哲學問題，對於我們不甚重要。因此我們在這裏用『語句』，是不過問命辭和語句有甚麼區別的。復次，我們為了簡便起見，以『語句』代替『直敍語句』。在以前是如此，在以後也將如此。

　　「在一般情形之下，語句有一個詞主、一個詞繫和一個詞賓。例如，『海鷗是白的。』在這個語句之中，『海鷗』是詞主、『是』乃詞繫、『白的』乃詞賓。我們將語句分作

詞主、詞賓和詞繫，因而這種語句形式，叫做『主賓詞式』（Subject-predicate Form），這種解析是傳統的。這種傳統的解析與文法上對於語句的解析很相似，因而也易相混。所以，有許多人老是將邏輯與文法分不開。其實，語句不必分解為主賓詞式，即令可分解為主賓詞式，形式也不限於這一種，可是，為了集中注意力起見，我們也不討論。

「我們現在為了得到邏輯的簡便，將主賓詞式的語句分作包含二個詞端（Terms）和一個詞繫（Connective）二者。在詞主地位的詞端可以是一類（Class），可以是一個體。例如，在『海鷗是水鳥』這個語句中，主位詞端『海鷗』是一個類，即海鷗之類。在『羅素是哲學家』這個語句中，主位詞端『羅素』是一個體。這一個體乃『哲學家』這一類的一分子。在詞賓地位的詞端可以是一個類，也可以一個體。前者如『海鷗是水鳥』中的水鳥；後者如『張居正是張江陵』中的『張江陵』。」

「假如在賓位的詞端是一形容詞，那麼怎麼辦呢？」王蘊理問。

「形容詞是文法中的元素，它與邏輯不相干的。如果主賓詞式的語句的賓位詞端是一形容詞，那麼我們很容易把它變成類，我們把它看作類。前例『海鷗是白的』中，『白的』從文法觀點看是一形容詞，或說海鷗有白的屬性，但從嚴格邏輯技術的觀點看，『白的』乃一類，即『白的東西』或『白的動物』之類，於是『海鷗是白的』變成『海鷗是白的

動物』。這也就等於說『海鷗之類被包含在白的動物之類之中』。當然，」老教授笑道：「這是邏輯呆子說話的口氣。這是說話太笨，平常沒有人這樣說話的。不過，從邏輯的觀點看，我們必須明瞭『海鷗是白的』等於『海鷗之類被包含在白的動物之類中』。這樣展佈開，我們的思想才清楚。我們遇到賓主詞端在文法上是一形容詞時，一概可以這樣處理的。」

「『白的』是一種性質，我們怎麼可以視作類呢？」王蘊理又問。

「從前的邏輯家以為性質與類不同。這種看法是受文法的影響，也受文法的限制。他們以為性質是內涵 (Intension); 類是外範 (Extension)。可是，至少從邏輯之現代技術觀點而言，內涵是可以外範化 (extensionalize) 的。因之，一個性質可以決定一個類。這樣在技術處理 (Manipulation) 上方便，所以，表示性質的形容詞是很不難看作類。

「現在我們要分析分析詞繫。聯繫二個詞端的聯繫者叫做『詞繫』。在主賓詞式的語句裏，詞繫主要地乃『是』(is/are) 字。因此，從前的邏輯家將這個『是』字看得非常重要。固然，相對於主賓詞式的語句而言，『是』字的確重要；不過，在主賓詞式的語句裏，這個『是』字的用法相當混含。『是』字的用法很多，『是』之不同的用法可以產生不同的推論關係。所以，對於『是』之不同的用法，我們不可不弄

清楚。」

　　老教授一面說着，一面彈彈烟灰：「第一種用法，『是』字表示類的包含（Class-inclusion）關係。在『海鷗是水鳥』這個語句之中的『是』乃表示，『海鷗』之類被包含在『水鳥』之類之中。第二種用法，『是』字表示類的分子關係（Class Membership）。在『艾森豪威是一個名將』，在這個語句中的『是』字乃表示，『艾森豪威』乃『名將』這個類中之一分子。第三種用法，『是』字表示同一（Identity）。『張居正是張江陵』這個語句中的『是』字表示：『張居正』與『張江陵』二個名稱乃同一的個體。第四種用法，『是』字表示相等（Equivalence）。『等角三角形是等邊三角形』這個語句中的『是』字表示，『等角三角形』等於『等邊三角形』。

　　「邏輯傳統將主賓詞式的語句看得非常重要；邏輯傳統是以主賓詞式為研究的中心。過去的邏輯家，以及現在涉及傳統邏輯的人，以為主賓詞式的語句是根本的語句形式，而且一切其他形式的語句都可以化約而為以後所要提到的四種主賓詞式的語句。因此，一直遲至十九世紀中葉，邏輯還局限於以研究主賓詞式的邏輯為主的一個狹小範圍裏。不過，雖然如此，邏輯傳統對於主賓詞式的語句所作的邏輯研究，還有些可取的地方；而且主賓詞式的語句為我們日常言談所用的語句形式，所以，對於主賓詞式的語句之邏輯，我們也不可忽略。

　　「依邏輯傳統，我們可以將主賓詞式的語句分作四

種：全謂肯定語句（Universal Affirmative Sentence）、全謂否定語句（Universal Negative sentence）、偏謂肯定語句（Particular Affirmative Sentence）、偏謂否定語句（Particular Negative Sentence）。對於這四種語句，我們可以從二個方面來觀察：一是形式的性質；二是形式的分量。肯定和否定是形式的性質，形式的性質以後簡稱『性質』；全謂和偏謂是形式的分量，形式的分量以後簡稱『分量』。

　　「『凡屬英雄都是好大喜功的』是全謂肯定語句。這個語句的意謂是，英雄之類被包含在好大喜功的人之類中；這也就是說，是英雄而不好大喜功的人之類是沒有的。『沒有守財奴是慷慨好義的』是全謂否定語句。這個語句的意謂是說，凡守財奴之類都不在慷慨好義的人之類之中；這也就是說，是守財奴而又慷慨好義的人之類是沒有的。『有些思想家是性情孤癖的』，這個語句是偏謂肯定語句。這個語句說，有些思想家之類是包含在有些性情孤癖的人之類之中；這也就是說，是思想家而又是性情孤癖的人之類不是沒有的。『有些詩人是不好飲酒的』這個語句是偏謂否定語句。這個語句的意謂是，有些詩人包含在不好飲酒的人之類中；這也就是說，是詩人而又不好飲酒之類不是沒有的。

　　「在這四種語句之中，我們最應注意的，是『一切』、『有些』、『沒有』等等字樣。這類的字樣之作用，是表示型式的量化（Formal Quantification），所以叫做『表型詞字』。所謂形式的量化，即語句中的一個詞端指涉一個類的全部或

一部分。一個語句，具有表型詞字，再加上詞繫，那麼這個語句便是『在邏輯型式中』了。

「為了便於處理起見，從前的邏輯家給予這四種語句以四種稱號。全謂肯定語句叫做 A，全謂否定語句叫做 E，偏謂肯定語句叫做 I，偏謂否定語句叫做 O。A、I 表示肯定語句，這是從拉丁字 affirmo 抽出來的。E、O 表示否定語句，這是從拉丁字 nego 抽出來的。

「如果我們以 S 代表主位詞端，以 P 代表賓位詞端，那麼這四種語句的形式可以陳示如下。」老教授一面說，一面在紙上寫着：

A 一切 S 是 P

E 沒有 S 是 P

I 有些 S 是 P

O 有些 S 不是 P

「請各位特別注意呀！」老教授提高嗓子：「這四種語句形式中有一種情形與推論有直接的相干，它就是詞端的普及與否。這也就是前述形式的量化問題。如果詞端所指涉的是一類的全部，那麼這個詞端是普及的（Distributed）。如果詞端所指涉的是一類的一部分或是未定的部分，那麼這個詞端是未普及的（Undistributed）。我們現在可依這兩個界說來看，在這四種語句形式之中，那些詞端是普及的，那些是未普及的。

「全謂肯定語句『凡屬英雄都是好大喜功的』中，『英雄』顯然是指所有的英雄而言，或指英雄之類之一切分子而言，所以是普及的。而『好大喜功的人』則未普及，因為英雄只是好大喜功的人之一部分，因古代暴君也有好大喜功的，『英雄』之類只與『好大喜功的人』之類之未定的部分發生關聯。全謂否定語句『沒有守財奴是慷慨好義的』中，所有的守財奴都不是慷慨好義的人。守財奴之類之一切分子被排斥於慷慨好義的人之類。因此，『守財奴』是普及的。同樣，所有慷慨好義的人不是守財奴，慷慨好義的人之類之一切分子被排斥於守財奴之類以外。因此，『慷慨好義的人』也是普及的。偏謂肯定語句『有些思想家是性情孤癖的』中，『思想家』為『有些』這一型式詞字所限制，顯然沒有普及。『性情孤癖的人』也沒有普及，因為『思想家』之類只與『性情孤癖的人』之類之未定部分發生聯繫。偏謂否定語句『有些詩人是不好飲酒的』中，『詩人』顯然是未普及的；『不好飲酒的人』則是普及的，因為『有些詩人』被排斥於所有『不好飲酒的人』之類以外。

「我們可將以上所說的四種語句之已普及和未普及的情形列個表來表示一下，便可一望而知了。我們現在拿一個圓圈代表已普及，拿一個半圈代表未普及，那麼便可列表於下。」老教授寫着：

A 　一切 S° 是 P^U

E 　沒有 S° 是 P°

I 　有些 S^U 是 P^U

O 　有些 S^U 不是 P°

「為了將來易於處理起見，這個表還可以簡單化。我們現在假定語句的兩端是不對稱的，即是○⌣不等於⌣○，而且⌣○不等於○⌣。在此有兩種情形：一種情形是一端為○，另一端為⌣；還有一種情形是一端為⌣，另一端為○。而凡兩端都用○或都用⌣表示的語句，兩端在記號上沒有區別，所以我們可以不管，於是，我們可以將上表更簡化一點。」吳先生又寫着：

A 　○⌣

E 　○○

I 　⌣⌣

O 　⌣○

「其實，我們一看○⌣，除了一目瞭然 A 之普及與否的情形以外，同時又知道了它就是 A。因為○⌣既不等於⌣○，所以只能是 A。其餘三者皆然。因此，我們簡直連 A、E、I、O 都可以不要，而逕直寫那四排記號就夠了。」他又寫着：

「詞端普及與否的情形，關係於我們以後所要討論的推論至大，所以我們必須弄個清楚明白。」

「吳先生，您在前面常常提到類，可是您似乎只假定了類，並沒有討論到它。是不是？」王蘊理提出這個問題。

「是的，我們在前面有好幾次提到『類』，直到現在為止，我們已假定了類，而對於類尚無所討論。」

「您可不可以把有關『類』的種種講點給我們聽呢？」周文璞問。

「我……正預備在這方面談談。」老教授沉默了一會兒，接着說：「所謂的『類』，並不是邏輯家的專利品，我們在日常生活裏，思想時，處理東西時，常常用到類的。比如，體育教員要學生站隊，叫男生站一邊，女生站另一邊，這就是有意或無意依據性別之不同而分類的。擺香煙攤的人，常常把牌子相同的煙放在一起，把另一種牌子的煙放在另一處，這就是依着牌子之同異而分類的。其他類此之事，不勝枚舉。在這些分類中所用的，都是類概念。……不過，在日常生活中，分類之運用類概念，多是出於直覺，而且所用的類概念，相當簡陋。這樣，應付日常生活及日常語言

中的需要，也許還不致捉襟見肘，但是，碰到繁複的情況，用這樣簡陋的類概念，就應付不了。邏輯家對於類的處理，那就精細多了、複雜多了。」

「精細和複雜到甚麼程度呢？請問！」王蘊理問。

「哦！其精細和複雜的程度，不是憑常識所能想像的，也絕不是用日常的語言文字所能表達的。我只說一點，二位就能明瞭。現代邏輯是夠複雜的學問了，而全部現代邏輯，可由此類概念之展演為骨幹來構成，而且許許多多現代邏輯家就是這麼辦的。結果，現代邏輯與數學中的組論（Set Theory）互相表裏。可是……」吳先生輕咳了一聲，接着說：「這種問題過於專門，不是我們在現階段所能接近的，而且必須用構造精密的符號語言（Symbolic Language）才能表達出來，好在我們此刻也不需要知道這些。我們現在所需要知道的，是關於類的基本知識，以及基本的表示法。當然，熟悉了這些，我們就可循序漸進，由簡入繁，由淺入深。

「從邏輯之符號的觀點而言，類是一種邏輯構造；從構思的程序着想，類是我們安排事物的一種便利方式。只要頭腦不太混亂的人，常常會把性質相同的東西安排在一起；或者，依照其他標準來分別事物之異同。是不是？由前面所說的，我們可以知道，一種性質決定一個類。例如，『甜的』性質決定『甜的東西』之類；『香的』性質決定『香的東西』之類等等。因此，具有某種性質的分子，也就可以說是

某個類之分子。例如，具有甜的性質的東西之分子，亦即甜的東西之類之分子，等等都是。

「我們在前面說過，『海鷗』一為之所指，乃海鷗之類……等等。我們這樣說，也許容易引起大家一個想法，以為所謂類，就是分子之集合。如果我們這樣想，那麼就是把思想泥陷於常識之中，因而未免有時失之粗忽。因為一個類（Class），並不僅僅是一堆分子之集合（Collection）。一堆東西之集合，更不容易說是一個類。例如，把豬玀、孔雀、電燈和鋼筆堆在一起，我們簡直說不出這一堆是甚麼類。復次，吾人所經驗到的大多數的類固然有分子，但是並非所有的類都有分子。例如，恐龍、獨角獸、現在法國國王等等，都無任何分子可言。

「我們現在可用符號來表示許多類，以及類與類之間的關係。小楷字母 a、b、c 各別用來表示任何類，相等記號 "=" 表示一種關係。如果 a=b，而且 b=a，那麼 a 和 b 二者是同一的。這也就是說，在此 a 的分子即是 b 的分子，而且 b 的分子即是 a 的分子。等邊三角形的類之分子即是等角三角形的類之分子，反之亦然。記號 "x" 表示邏輯積（Logical Product），a x b 這個類為既是 a 又是 b 之類。記號 "+" 表示邏輯和（Logical Sum），a + b 為 a 或 b 之類。記號 "−" 表示『非』，a x − b 即是 a 而又非 b 的類。記號 "O" 表示沒有分子的類，記號 "I" 表示討論界域（Universe of Discourse）。依此，我們可以表示一些不同的類。」而老教

授在紙上慢慢畫着、寫着：

a—— a 類。

-a—— 非 a 類。

ab—— 既是 a 又是 b 的類。像在代數裏一樣，a 與
b 之間的乘號省去。

a+b—— 是 a 或 b 的類。更精確地說，是 a 或是 b，
或為 a 與 b 二者之類。

a-b—— 是 a 而且非 b 之類。

a+-b—— 是 a 或非 b，或為 a 與非 b 二者之類。

O—— 空類；即是沒有分子之類。

I—— 空類之反面，即全類。全類包含一切分子。

「可是，無論空類或全類都是獨類（Unique Class）。」
老教授說：「所謂獨類，意即沒有兩個與之相同的類。依此，
沒有兩個空類，也沒有兩個全類；空類只有一個，全類也
只有一個。」

「在實際上，有這樣的類嗎？」王蘊理問。

「有的。」老教授點點頭，「地球就是獨類。在一方面，
地球自成一類；在另一方面，宇宙間沒有兩個行星叫做地
球，所以它是獨類……。」老教授說到這裏，又寫下去：

a=O—— a 類等於 O，是空的，沒有分子。例如，鬼
類等於 O，沒有分子。用普通話說，就是『沒
有鬼』。

a≠O—— a 類不等於 O，即 a 類有分子。例如，飛魚
之類有分子。

a=b—— a 類等於 b 類，民主愛好者之類等於自由愛
好者之類。

ab=O—— 沒有 a 是 b，這也就是說，既是 a 又是 b
者沒有。例如，是人而愛黑暗者未之有也。
這就是說，沒有人愛好黑暗。

ab≠O—— 既是 a 又是 b 之類不是沒有。這個方式所表
示的，與上一個所表示的，剛好相反。上
一個說，既是 a 又是 b 者沒有，這一個說，
既是 a 又是 b 者不是沒有。例如，既是人
又是追求真理者不是沒有，這就是說，有
些人是追求真理的。

a–b=O—— 既是 a 而又不是 b 之類等於零。這也就是
說，凡 a 皆是 b。例如，是人而不是動物
之類不存在，這等於說，凡人是動物。

a–b≠O—— 既是 a 而又不是 b 之類不等於零。這一條
與上一條恰好相反。這一條說，既是 a 而
又不是 b 之類是存在的。例如，既是哲學
家而又不是性情怪癖者並非沒有，這也就
是說，有些哲學家不是性情怪癖的。

「吳先生，最後這四條，不就是您在上面已經說過的
E、I、A、O 四種語句嗎？」干蘊理問。

「對了！對了！你看出來了！」老教授很高興：「我在
這裏所寫的最後四條，正是上述四種語句之邏輯代數學
(Algebra of Logic) 的表示。換句話說，我是用邏輯代數學
的方式來表示 E、I、A、O 四種語句的。這種表現方式，
是便於演算些。……除此以外，還有一種好處，即是 E 與 I
是相反的，A 與 O 也是相反的。這兩對語句之相反，在符
號方式上可以一目瞭然。是不是？」

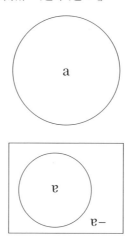

表示除 a 以外皆是非 a。圓圈以內係 a 的範圍，
圓圈以外方形以內的範圍係非 a 的範圍。a 與非
a 二者合共構成一個討論界域。在此討論界域以
內，除了 a 便是非 a，除了非 a 便是 a。如以 a
代表任何東西，那麼我們談及任何東西，不能既
不是 a 又不是非 a。a 或非 a，二者必具其一。
一顆樹，要麼是活的，要麼不是活的，總不能既
活又不活。所以，a 與非 a 既然互相排斥，而又
共同盡舉可能。

「甚麼叫做『邏輯代數學』呢？吳先生！」周文璞問。

「這個……等我們以後有機會再說。……除了上述以邏輯代數學的方式表示類以及類與類之間的關係以外，我們還可以用圖解方法來表示，現在我們可以試試。」老教授換了一張紙連寫帶畫：

「上面所畫的，只限於一個類 a。假定有 a 與 b 兩個類，那麼怎樣畫呢？」老教授提出這個問題，看了看他們兩個，然後又畫着：

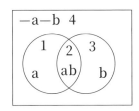

「請注意呀！」他說：「在這個圖解中，一共有兩個類，而每一個類又有正反兩面。二乘二等於四，於是，兩個類共有四個範圍。計有 1，a;2，ab;3，b;4，−a−b。這也就是說，一、有是 a 而不是 b 的部分；二、有既是 a 而又是 b 的部分；三、有是 b 而不是 a 的部分；四、有既非 a 而又非 b 的部分。

「如果我們明白了這個構圖，那麼，就可以利用它來表示 A、E、I 和 O 四種語句了。」老教授又興致勃勃地換了一張紙畫着：

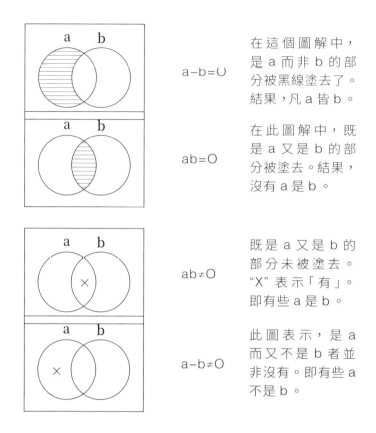

在這個圖解中，是 a 而非 b 的部分被黑線塗去了。結果，凡 a 皆 b。

$a-b=\cup$

在此圖解中，既是 a 又是 b 的部分被塗去。結果，沒有 a 是 b。

$ab=0$

既是 a 又是 b 的部分未被塗去。"X" 表示「有」。即有些 a 是 b。

$ab\neq0$

此圖表示，是 a 而又不是 b 者並非沒有。即有些 a 不是 b。

$a-b\neq0$

　　「這種圖解是邏輯家范恩 Venn 所用的，所以又叫做『范恩圖解』。這種圖解法的妙處，就是利用空間關係來表示類的關係，可使我們一目瞭然。……各位自己也可依樣畫葫蘆吧。」

第八次

位換和質換

「米士特周，我請問你，假若我說『一切讀書的人是有知識的』，我們可不可以因之而說，『一切有知識的人是讀書的人』」吳先生一開頭就問。

「這……這……這很難說。」周文璞顯得很遲疑的樣子。

「哦！你怎麼沒有從前那樣爽快了？」

「這是許久以來，聽吳先生講邏輯的結果。」王蘊理笑道。

「這要算是一個不少的進步。說話多用腦筋想想，不一下子衝口而出，總是一種好的習慣。」吳先生笑着說。「吳先生今天預備對我們講甚麼呢？」王蘊理問。

「我今天預備講講幾種說話的方式。當然，說話的方式很多，我在這裏所謂的說話的幾種方式，不是修辭方式，也不是如何動人的方式，而是嚴格從邏輯方面着眼的方式。我們在這裏預備進行討論的說話方式，係從 A、E、I 和 O 出發的。因而，我們的討論也就限於 A、E、I、O 四種語句。第一種方式，邏輯傳統叫做『位換』(Conversion); 第二種方式叫做『質換』(Obersion)。

「我們先討論第一種方式。所謂位換，就是將上述四種語句之一之主位詞端換到賓位去，而將賓位詞端換到主位去。這樣的更換，不是可以任意為之的，而必須遵守二個規則：第一，在原來語句中沒有普及的詞端在換位語句中也不可普及，但是，這話並未禁止我們將已普及的詞端變為不普及的詞端。在某種條件之下，我們可以這樣做。第二，不可變更原來語句之形式的性質。這也就是說，原來語句是肯定的，換位語句仍須為肯定的；原來語句是否定的，換位語句須為否定的。

「各位一看第一條規律，立刻就可以知道我們在上一次所說的 A、E、I、O 四種語句的詞端之普及與否的情形是位換的重要依據。這也就是說，那四種語句的位換，要以它們的詞端是否普及為依據。因此，依據上一次所說的四種語句的詞端之普及與否的情形，我們可以決定那四種語句的換位可能。

「我們先看 A 吧！我們在上次說過，A 的主位詞端普及而賓位詞端未普及。就以我剛才所說的『一切讀書的人是有知識的人』為例，這個語句的主位詞端『讀書的人』是已普及的，而賓位詞端『有知識的人』沒有普及。根據位換的第一條規律，我們不能換作『一切有知識的人是讀書的人』。因為，這樣一換，在原來語句中沒有普及的詞端『有知識的人』，到了換位語句中變成普及的。這犯了第一條規律。」

「吳先生，這裏也許包含『有知識的人』這個類的範圍之大小怎樣劃定的問題。」周文璞說：「如果所謂『知識』不限於書本上的知識，那麼『讀書的人』的確是『有知識的人』之一部分，因而不可作剛才的位換。可是，如果所謂『知識』的解釋只限於書本的知識，那麼，『讀書的人』就是『有知識的人』，而且『有知識的人』也就是『讀書的人』。這樣一來，『一切讀書的人是有知識的人』換成『一切有知識的人是讀書的人』，雖不合第一條規律，但內容是對的。我們何必因遵守形式規律而犧牲內容呢？」

「你這個問題，問得相當有道理，但可惜不是一個邏輯問題。對於『知識』的範圍大小之劃分，各人有其自由，邏輯也不去規定。但是，請你注意邏輯所研究的，不是一個一個特殊的語句，而是某一種語句所共同具有的形式。因而，它所說的話，是對於某一語句之形式所說的話。於是，具有這種形式的一切語句之變換，都須以這種形式所須遵守的規律為依據。我們常常得注意，邏輯所要保證的是推論之普遍的效準。既言普遍的效準，當然必須對一切情形有效而無一例外。因此，如果有種推論方式，有時固然可得出真的結論，但有時則得出假的結論，既然如此，於是它並非對於一切情形有效，因此，我們必須放棄它……當然，」老教授提高聲音：「每一種科學有一特定範圍。如果我們進入某一特定範圍，而且明白劃定所要對付的題材，那麼也可以試用特定的推論的程序。例如，在數學中，常常可以像你那樣

推論的,凡用等號所表示的程式都可如此。你所作的推論,一個語句兩頭的詞端可以互相對換,沒有限制,我們叫做『無限位換』(Unlimited Conversion)。在邏輯上,我們在許多條件之下把一個語句兩頭的詞端之互相對換,加上某些條件之限制,這種位換,我們叫它『限量位換』。……但是,我們不要以為這種分別是由於數學的推論與邏輯相反。無限位換在基本上,如果可以行得通,那麼限量位換,自然更可以行得通。是不是?不過,限量位換行得通的語句多於可行無限位換的語句。所以,邏輯只規定限量位換的規律。上面的規律是普遍地對於具有 A 形式的一切語句而說的,並非對於某一具有 A 形式的語句之特殊內容而說的。這一點必須弄清楚。上面所舉第一條規律說凡在原位語句沒有普及的詞端在位換語句也不可普及。這一條規律如不遵守,對於將『一切讀書的人是有知識的人』換成『一切有知識的人是讀書的人』這樣的例子,好像看不出很明顯的毛病,可是對於其他 A 式語句,常常可以產生嚴重的後果的。再舉個 A 式語句為例吧。假如我們將『一切尼姑是女人』換位成『一切女人是尼姑』,那豈不糟糕?」

「哈哈!」

「哈哈!」

「如果遵守位換的第一條規律,那麼就可保證不出這種笑話。」吳先生接着說:「當然,這種錯誤是顯然易見的。我們知道並非一切女人都是尼姑,可是,這種錯誤之所以

顯然易見，不是依據邏輯的理由，而是依據經驗知識。在我們具備某一語句所表示的經驗知識時，我們固然可以特殊地決定它是否可以將在主位的詞端和在賓位的詞端對換。可是，在我們未具備某一詞句所表示的經驗知識時，我們就不能特殊地決定是否可以將它在主位的詞端和在賓位的詞端對換。當着我們熟悉尼姑是女人的一部分，而且不是一切女人都是尼姑時，我們憑着這一經驗知識來決定我們不能將『一切尼姑是女人』換位成『一切女人是尼姑』。可是當着我們知道『凡大朵的薔薇花是大葉子的』時，我們是否可以說『凡大葉子的薔薇是開大朵的花』，這就需要有園藝上的專門知識。在這一關卡上，如果我們有了一點邏輯訓練，我們就可以不冒冒失失地從『凡大朵的薔薇花是大葉子的』推論『凡大葉子的薔薇是開大朵的花』。謹嚴，一方面可以減少錯誤知識之發生；另一方面可為正確知識預留地步。像這一類的問題是非常多的，如果我們一個不小心，隨便換位，得到假知識，往往發覺不出假知識由何而生。可是，邏輯告訴我們，這一類的語句是 A 式語句。凡 A 式語句不可簡單地將主位詞端換成賓位詞端。如果我們謹守這一條規律，無論我們對於所說的 A 式語句的內容有否經驗知識，我們一概不簡單地將其在主位的詞端換位為在賓位的詞端，那麼憑着這一邏輯規律的保證，我們就不會觸犯上述的錯誤。

「假如我們要將 A 式語句換位，那麼怎樣辦呢？」王蘊

理問。

「辦法很簡單，就是當着要將賓位詞端換成主位詞端時，我們把它的量加以限制；即是，賓位詞端在原來語句中未普及，在換位語句中不讓它普及，這樣，位換就不會發生毛病。前例『一切尼姑是女人』可換成『有些女人是尼姑』。這種位換法，傳統叫做『限量位換』，亦即 Conversion "Per accidens"。

「我們在前面說過，就 A 在主位的詞端和賓位的詞端是否普及之情形來觀察，A 是○‿。而且，我們又說過，○‿不對稱。既然如此，○‿不等於‿○。如果○‿等於‿○，則在原來語句未普及的詞端‿，經過換位手續後，變成普及詞端○，這就犯了邏輯之大忌。但是，我們只說在原來語句中沒有普及的詞端在換位語句中不可變成普及的；我們並沒有說，在原來語句中普及的詞端在換位語句中不可變成未普及的。在一種條件下，我們可以把在原來語句中普及的詞端在換位語句中變成未普及的。依據這條規律，我們可以得到關於 A 換位之最簡單的手術。即是，」老教授寫着：

○‿

可換成 ‿‿

「不過，行限量位換，必須詞端有存在的意含（Existential Import），即詞端所指之類有分子。……」老教授慢慢地說：

「可是……這方面的的道理，不是此時所需要的，所以我們提到一下就夠了。」

「E 式語句怎樣換位？」周文璞問。

「E 式語句的換位最簡單。」吳先生說：「這從符號就可以知道。E 式語句的詞端的普及情形是 OO。既然如此，兩端都已普及，毫無分別。既然毫無分別，當然可以毫無限制地將主位詞端換成賓位詞端，而且將賓位詞端換成主位詞端。『沒有獨裁者是講民主的人』在這個語句中，『獨裁者』之類之一切分子被排斥於『講民主的人』之類以外。同樣，『講民主的』之類之一切分子被排斥於『獨裁者』之類以外。於是，『沒有獨裁者是講民主的人』可以換位為『沒有講民主的人是獨裁者』。E 的位換可能，從其普及記號，我們只要一秒鐘就可決定。」老教授又寫着：

OO

換成 OO

「I 式語句的位換也最簡單。這也可以從符號 ⌣⌣ 看出。兩端既然同樣未普及，當然可以簡單換位。『有些紅顏是薄命的』可以換成『有些薄命的是紅顏』，還是 ⌣⌣。所以，我們可以寫：

⌣⌣

換成 ⌣⌣

「O 式語句無法換位，這有二個理由：第一，如果將在主位的詞端簡單地換成在賓位的詞端，而且將在賓位的詞端換成在主位的詞端，那麼便違反上述位換的第一條規律。這種情形從符號 ⌣○ 與 ○⌣ 並不對稱可以一眼看出。『有些人不是音樂家』如果換位為『有些音樂家不是人』，顯然是可笑的。『有些人不是窮小子』換成『有些窮小子不是人』也不對。『有些人不是窮小子』是一真語句，而『有些窮小子不是人』乃一假語句。由真語句產生假語句，可見這種推論方式無效。如果由真得假可行，那麼整個邏輯要破產了。第二，如果將 O 中表示否定的形式詞字移到換位後的主位詞端，即原來的賓位詞端，那麼結果改變了原有語句的形式性質，即由 O 式語句經過換位後變成 I，這有違第二條規律。『有些黑鳥不是烏鴉』如果換成『有些非烏鴉是黑鳥』，顯然將原來的否定語句 O 變質為肯定語句 I，這有違第二規律。

「但是，」周文璞想了一下：「吳先生，我們從『有些暴君不是心理正常的人』，換位成『有些心理正常的人不是暴君』，係由一真語句得到一個真語句，這豈不表示 O 還是可以位換嗎？」

「是的，如果僅僅就這一對語句來說，O 是可以換位的。但是，這樣的簡單位換，並非普遍有效。除了上面所說的例子以外，我可以再列舉一對例子。如果『有些狗不是獵犬』為真，則其換位語句『有些獵犬不是狗』顯然為假。

我在前面說過，邏輯的推論方式，必須普遍有效。既然○型語句在有些例子之下可以換位，而在有些例子之下換位會弄出剛才所說的毛病，可見，如果把 O 看成可以簡單位換的語句，這一辦法並不普遍有效。既不普遍有效，那麼，在邏輯的範圍裏，我們不能這樣做。……就邏輯的理由說，O 之不能換位，理由非常簡單，即是，如果 ⌣○換成○⌣，便是在原來語句中未普及的詞端⌣，在換位語句中變成普及的詞端○。調一個頭，就偷偷由偏而全，犯了邏輯之大忌。僅僅這一條理由，就足以防止我們對 O 實行換位，而用不着一個一個舉出語句來試了。

「我轉了這麼久，二位嫌太繁吧！其實，位換手續，如果從表示 A、E、I、O 的普及之符號方面着眼，真是再簡單也沒有了。我們現在把上面所說的，用符號表示出來，以作關於位換的討論之總結。箭頭表示推論。」吳先生畫着、寫着：

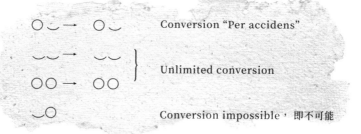

老教授畫完寫完，放下鉛筆，靠在沙發上休息一會兒，又抽着烟，慢慢吞吞地說：「關於位換，我們已經討論完了，我們現在要來討論質換 (Obversion)。質換也是我們常用的

一種說話方式；更嚴格地說，它是一種改變語句之質的方式。質換就是改變原有語句之形式性質，而得到一個與原有語句相等的語句。詳細一點說，質換就是藉改換原有語句的賓位詞端的性質以得到與原有語句之意義相等的反面語句。在質換時，語句的量須保持不變，這是一個要求。

「我們現在試試將 A、E、I、O 一一加以質換。我們還是照前面的記號法，以 A 代表全謂肯定語句，S 代表主位詞端，P 代表賓位詞端。我們將 A 寫在 S 與 P 之間。於是，A 式語句可寫成 SAP。以 $\bar{P}$ 代表『非 P』，於是 SAP 換質時，可寫成 $SE\bar{P}$：反過來也是一樣，$SE\bar{P}$ 換質是可以寫成 SAP，二者的質換是對稱的。例如，『所有的動物是有機體』可以換質成『沒有動物是非有機體』。同樣，『沒有動物是非有機體』可以換成『所有的動物是有機體』。『凡英雄皆當配美人』可換質成『沒有英雄不當配美人的』。

「E 式語句可以換質成與之相等的 A 式語句。『沒有魔鬼是天使』可以換質為『一切魔鬼是非天使』。倒轉來也是一樣，『一切魔鬼是非天使』可以換質成『沒有魔鬼是天使』。普遍地說，SEP 與 $SA\bar{P}$ 可以互相質換。

「I 式語句可以換質成與之相等的 O 式語句。『有些螞蟻是好鬥的』可以換質為『有些螞蟻不是非好鬥的』，倒轉來也是一樣。普遍地說：SIP 與 $SO\bar{P}$ 二者可以互相質換。

「O 式語句可以換質成與之相等的 I 語句。『有些學生不是運動員』，可以換質成『有些學生是非運動員』，倒過來

說也是一樣。普遍地說：SOP 與 SIP̄ 二者可以互相質換。

「從以上所說的，我們可以知道，凡屬肯定語句的質換，是雙重否定；凡屬否定語句的質換是將詞繫上的否定記號移置到在賓位的詞端上去。雙重否定等於一個肯定。例如，在代數學中，

$$-(-a) = a$$

吳先生接着說：「所以原來語句經換質後與被換語句相等。」

「吳先生，在修辭學上，雙重否定並不等於一個肯定，而是加強了的肯定語氣。」周文璞說。

「不錯，」吳先生答道：「可是，那是一個心理問題，與邏輯的語句形式是否相等無關。……復次，我們知道，四種語句換質後，與原有語句是相等的。既然相等，所以是對稱的，這種情形，我們可以畫一圖表示表示。」老教授在紙上畫着：

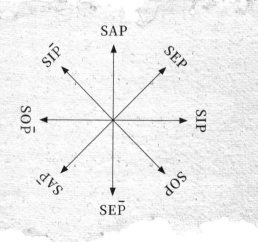

「雙箭頭表示對稱。我們看了這個圖表，質換的情形便可一目瞭然。」吳先生說。

「除了我們在以上所說的以外，一個語句之位換和質換可以輪轉舉行，這樣仍可得到不同形式的語句。如果我們知道了輪轉舉行位換與質換之方式，那麼我們就可以對付許多問題。現在，我們可以擇其重要的談一談。

「第一種問題乃確定一組語句是否相等。假定有這兩個語句：

① 沒有非英雄是可配美人的
② 一切可配美人的是英雄

「我們現在要決定①和②兩個語句是否相等。為了作此決定，我們先把這兩個語句的形式列出，然後進而換質與換位，一直到得到一些形式為止。我們再看這些形式，就可以知道二者是否相等。我們以 "h" 表示英雄，以 "e" 表示『可配美人者』，三橫表示相等關係。」

①' 沒有非 h 是 e ≡ 沒有 e 是非 h

沒有 e 是非 h ≡ 一切 e 是 h

②' 一切 e 是 h ≡ 沒有 e 是非 h

沒有 e 是非 h ≡ 沒有非 h 是 e

①' 等於 ②'

所以 ①等於②

「依據相似的程術，我們再決定下列一雙語句是否相等。

③ 有些醫生是个可信賴的

④ 有些可信賴的人是非一醫生

「照樣我們把③、④的形式列出：在此，我們用 "d" 代表醫生；用 "t" 代表可信賴者。」

③' 有些 d 是非 –t ≡ 有些 d 不是 t

④' 有些 t 是非 –d ≡ 有些 t 不是 d

「這兩個等式的右邊，顯然彼此皆為潛越位換，即不合法的位換。由此可知，③不等於④。關於③與④之不相等，藉圖解最易看出。」老教授不厭其煩地畫着：

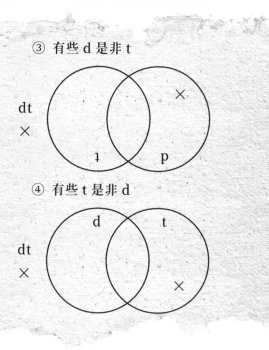

「另一種問題是，如果我們知道了這些程術，那麼我們就可以討論，一個包含類的語句會有些甚麼結論。假若有『有些財閥不是有遠見的』，那麼，我們能作些甚麼推論？茲以 "c" 表示財閥，"f" 表示遠見者。我們可以列出形式如下：

$$有些 c 不是 f \equiv 有些 c 是非 f$$
$$有些 c 是非 f \equiv 有些非 f 是 c$$
$$有些非 f 是 c \equiv 有些非 f 不是非 c$$

「我們在此所能推論的是，有些非具遠見的人不是非財閥。

「……當然，在邏輯傳統中，位換與質換輪轉配合起來的花樣還有許多。不過，其中有些似乎無關宏旨，所以不必注意。同時，位換與質換之輪轉運用，在基本上，無非是位換與質換，並沒有新的邏輯因素。因此，關於二者的輪轉程術，看看我們在這裏的例示，也就可以舉一反三，無須費辭了。」

第九次

對待關係

一陣雷雨過後，王蘊理和周文璞到吳先生家裏來。

「今天下暴雨，蜉蝣很多，飛到滿屋子裏都是的，真討厭！……如果『一切蜉蝣是短命的』這個語句為真，那麼甚麼語句是假的？」他們坐下了，吳先生想了一想，問王蘊理。

「……不……不知道。」王蘊理答不出來。

「也許，……我的問法有點籠統。」吳先生笑道：「我的意思是問：在 A、E、I 與 O 四型之中，如果有一個語句是真的，那麼與之對待的甚麼語句是假的。在 A、E、I、O 四式之中，任一語句之真或假與其餘三個語句之真或假，或真假不定的情形，傳統地叫做語句的『對待』(Opposition)。在這種對待關係裏，我們從 A、E、I、O 四型語句中任一之真假的設定開始，可以推論其餘語句之真，或假，或真假不定。復次，我們任取 AO 或 EI，為矛盾，那麼我們可以推論其餘語句有何對待關係。這種推論相當有用，而且我們在日常言談之間時常可以碰見。所以，我們現在要加以討論。為求易於明瞭起見，我們現在還是畫一個圖。這個圖，傳統地叫做『對待方形』(Square of Opposition)。不過，

我們現在關於對待的講法不是傳統的講法，我們現在的講法是對於傳統講法的一種修正。這是必須聲明的。」

吳先生在紙上畫着：

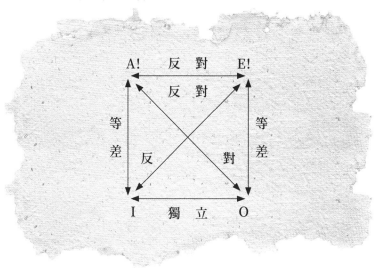

「我們現在要將這裏的符號和名詞解釋一下。Ａ！表示有存在意含的Ａ，Ｅ！亦然。我們之所以要標明Ａ和Ｅ有存在意含，是因為在我們日常言談之間大都肯定Ａ、Ｅ在主位的詞端之所指存在，即有實際存在的事物。

「吳先生！這樣說來，還有在主位的詞端之所指不是實際存在的事物嗎？」王蘊理問。」

「當然有！」

「您可以舉個例嗎？」王蘊理又問。

「例如，『一切希臘的神是擬人的』，或『一切希臘的神是有人的缺點的』。在這兩個Ａ型語句中的主位詞端『神』之所指，並非一實際存在的事物。我們用邏輯名詞說，『神』

並無存在意含 "Existential Import"。可是，偏謂語句的主位詞端，都有存在意含。顯然得很，只有具有存在意含的全謂語句才蘊涵着與之相當的偏謂語句；不具存在意含的全謂語句當然不蘊涵與之相當的偏謂語句。更特指地說，如果 A 有存在意含，那麼蘊涵 I，否則不能。如果 E 有存在意含，那麼蘊涵 O，否則不能。但是，A 型語句並非都有存在意含，E 型亦然。總而言之，全謂語句並非都有存在意含。全謂語句有些有存在意含，有些沒有。例如剛才舉的兩個例子就沒有。但是，『一切挪威人是歐洲人』、『一切毒蛇是危險的』，其中主位詞端之所指都是實際的事物，所以有存在意含。全謂語句既然不是在一切情形之下都有存在意含，所以也就不是在一切情形之下涵蘊偏謂語句。既然如此，必須全謂語句確有存在意含，才蘊涵與之相當的偏謂語句。然後再行邏輯的推論。……當然，在日常語言中，沒有這麼嚴格，因而也就沒有分得這麼清楚，可是，我們在邏輯科學中，就必須嚴格而清楚。我們明白了這一層，也就可以知道，中文裏的『所有的……』並不必然表示真正『有』。例如，『所有的飛虎是兩棲動物』，事實上並沒有飛虎，所謂『飛虎』無存在意含，因而並無『有』。嚴格地說，在這種情況之下用『所有的……』係一語病，可是，在我們明白了它並無存在意含之後，我們知道它不能蘊涵 I 型語句『有些飛虎是兩棲動物』，那也就不足為害了。」

　　他歇了一會兒，指着紙上的圖解，繼續說道：「雙箭

頭表示在其兩端的語句之關係是對稱的。所謂『反對』
（Contrariety），它的條件是：假定有甲乙二個語句，如甲真
則乙假，如果甲假則乙不定；而且如果乙真則甲假，如果
乙假則甲不定，那麼甲、乙二種語句之間的關係為反對的
對待關係。所謂『等差』（Subalternation），它的條件是：假
定有全謂與偏謂兩種語句，如果全謂語句真，則與之相當
的偏謂語句真；如果全謂語句假，則與之相當的偏謂語句
之真假不定；而且如果偏謂語句真，則與之相當的全謂語
句真假不定；如果偏謂語句假，則與之相當的全謂語句假；
那麼全謂語句及與之相當的偏謂語句之間的關係為等差的
對待關係。所謂『獨立』（Independence），它的條件是：假
定有甲、乙二個語句，如果甲真則乙真假不定；如果甲假
則乙真假不定；如果乙真則甲真假不定；如果乙假則甲真
假不定；那麼甲與乙之間的關係為獨立的對待關係。」

「吳先生可不可以將這三種關係作進一步的解釋？」王
蘊理問。

「是的，我正預備這樣。我並且預備藉着舉列來討論四
型語句之間的對待關係。我們先從 A！開始吧！如 A！真，
則 E！假，則 I 真，則 O 假。如 A！假，則 E！真假不定，
則 I 真假不定，則 O 真假不定。如果『一切蜉蝣是短命的』
為真，則『有些蜉蝣是短命的』亦真，但是『沒有蜉蝣是短
命的』一定假，因而『有些蜉蝣不是短命的』亦假。如果『一
切蜉蝣是短命的』是假的呢？那麼，『有些蜉蝣是短命的』

真假不定、『沒有蜉蝣是短命的』真假不定，因而『有些蜉蝣不是短命的』也是真假不定。」

「吳先生，就這個例子講，恐怕不好說。因為，就我們之所知，沒有蜉蝣不是短命的，亦即所有的蜉蝣是短命的。蘇東坡有句：『寄蜉蝣於天地，渺蒼海之一粟』。言人命如蜉蝣之短也。」周文璞說。

「不錯，……可是你說的又是一個特殊的經驗問題。請你注意，我們所討論的，始終一慣地是語句的形式，而不是語句的內容。A！、E！、I、O所代表的是四種語句形式，而不是具有其中之任何形式的特殊語句。因此，所謂語句的對待關係，不是具有其中任一形式的特殊語句與具有其中另一形式的特殊語句之間的特殊對待關係，而是四式之中之任一與其餘三式之間的普遍的對待關係。既然所謂對待關係是普遍的對待關係，於是我們製定規律時，必須關照一般的情形，而不可局限於一二特例。就上例說，假若我們說『一切蜉蝣是短命的』是一句假話，則『沒有蜉蝣是短命的』亦假，但是，另外的例子則不然。如果『一切冰淇淋是熱的』為假，那麼『沒有冰淇淋是熱的』為真。前者『一切蜉蝣是短命的』E！假，而後者的對待語句『沒有冰淇淋是熱的』E！真。形式地總括起來：如A！假則E！真假不定。

「由以上的解析，各位可知A！和E！之真假對待關係乃指具有這二種形式的一切語句而言的，並非指某一特殊語句而言的。嚴格地說，僅就一個特殊語句而言，根本就

無所謂對待關係，也許有因果關係，也許有函數關係，也許有其他的關係，邏輯貴妥當。所謂妥當也者，就是在一切情形之下為真，或者對於一切解釋皆有效，或說能含蓋或顧到一切情形。我們之所以舉例，完全是為便於理解起見。在我們研究邏輯時一聽例子，我們應須立即由之而理解藉此例子所顯示的普遍之邏輯形式，不應該將思路局限於那一特例，或者轉到純形式以外的問題上去，或者扯到經驗例證之本身。這是最重要的邏輯訓練。」

「吳先生，您不注重經驗嗎？」周文璞問。

「不。」吳先生連忙搖頭：「我非常注重經驗。我是說在研究邏輯時必須遠離經驗，以免拖泥帶水、混淆不清。如其不然，一個人抽象的推論力一定永遠不能增加。一個人初學數學或算術時，算『三個桃子加五個桃子等於八個桃子』固然需要搬着指甲數，可是，這只限於初學階段而已。你試設想，如果一個人，永遠需要搬着指甲數，而且離開桃子、李子這些實物就無法瞭解純數理，不知運用 X、Y、Z 這樣的變量，他的數學還有希望好嗎？他還能夠懂得『無窮大』、『無窮小』等等嗎？邏輯的情形完全一樣。近九十餘年來，邏輯家和數學家的努力，證明邏輯和數學是姊妹學問了，所以，研究數學時所需要的心理習慣，研究邏輯時也常需要。不然的話，我們很容易把邏輯弄成玄學。」

「是！是！」周文璞點點頭。

「我們進行 E！吧 ！」吳先生抽口煙：「如 E！真則 A！

假、則 I 假、則 O 真。如 E！假，則 A！真假不定、則 I 不定、則 O 不定。例如，如果『沒有海洋是陸地』為真，那麼『一切海洋是陸地』為假，『有些海洋是陸地』也假，『有些海洋不是陸地』為真。如果『沒有鑽石是珍貴的』為假，那麼『一切鑽石是珍貴的』為真。但是，如果『沒有學生是用功的』為假，那麼『所有的學生是用功的』也假。『沒有鑽石是珍貴的』和『沒有學生是用功的』這二個 E！語句都假。可是與第一語句對待的語句『一切鑽石是珍貴的』為真，而與第二語語句對待的語句『所有學生是用功的』是假的。這二個語句都是 A！。由此可見 E！假時，A！之真假不定；如 E！假則 I 與 O 之真假不定，其理由是顯然易見的。E！與 I 為反對。所謂反對，就是兩個語句雖不可同真，但可同假。既然如此，於是 E！真時 I 固然一定假，但 E！假時 I 可能是假的，也可能是真的。E！與 O 的對待關係為等差，即是，如 E！真則 O 真，但如 E！假時，O 可真可假。所以，E！假則 O 不定。至於例子，只要我們留心日常的言談，幾於俯拾即是，各位不妨自己舉舉試試看。由舉例既然可能理解到邏輯，所以也是一種不無幫助的訓練。

「I 與 O 之間的對待關係是獨立。所謂獨立，我們已經在前面說過，乃任一之真或假不牽扯到另一之真或假。既然如此，於是 I 與 O 可同真、可同假，也可以一真而另一為假，可以一假而另一為真。我們先從 I 起吧！如果『有些人是善良的』為真，那麼『有些人不是善良的』也真。在日

常言談中，我們多是肯定語句之所指存在的。既然肯定語句之所指存在，於是語句之所指存在乃這一語句之為真的必須條件。既然如此，如果語句之所指不存在，於是這一語句不能是真的，如果『有些人是神仙』是假的，那麼『有些人不是神仙』也是假的。既然肯定沒有神仙，於是說有些人是神仙固然是假的，說有些人不是神仙當然也是假的，因為，根本就沒有神仙這個東西存在。

「O 到 I，對待情形還是一樣，如果『有些事業家不是愛錢的』為真，那麼『有些事業家是愛錢的』也真。如果『有些江湖奇俠不是三頭六臂的』為假，那麼，『有些江湖奇俠是三頭六臂的』還是假的。可是，如果『有些軍閥不是愛地盤的』為假，那麼『有些軍閥是愛地盤的』為真。可是 O 真時，I 可真可假，O 假時 I 也可真可假。既然如此，可見 O 與 I 之間的對待關係是獨立的對待關係，這也就是說，由 I 或 O 之任一之真或假，推論不出另一之真或假。」吳先生說完，慢慢吸着煙。看樣子，他的煙質地很粗劣。他抽這種煙，不過是為過癮而已，並不感到甚麼興趣。

「吳先生，您怎麼不抽點好煙？」周文璞問。

「好煙？⋯⋯」他臉上浮起一陣淡淡的苦笑。

「吳先生，您剛才說 I 與 O 二式語句是獨立的，既然二者是獨立的，那麼就是互不相倚的意思，是不是？」王蘊理問。

「是的。」

「既然二者互不相倚，怎麼可以說是有對待關係呢？」王蘊理進一步地問。

「獨立的對待關係？是對待關係中之一 Limiting Case，即限制情形，亦若零為蓋然 Probability 之 Limiting Case 然。科學中常有這種限制情形。當然，如果單獨將 I 與 O 提出來看，可以說是沒有甚麼對待關係的，可是 A！、E！、I、O 四式形成一套關係，I 與 O 不過是這一套關係中之最薄弱的一面而已。」吳先生說完，又抽着粗劣的煙。

「吳先生，您在開始的時候說，關於對待關係，您現在所講的是傳統的講法之修正。傳統的講法是怎樣的？說得通嗎？」王蘊理問。

「如果假定在主位的詞端有存在意含，也說得通。就近人的解析，對待關係可以至少有三種說法。我們在上面所討論的，是其中的一種；傳統的說法，也可以看作其中的一種，而且這一種在教科書中仍佔重要地位。」

「既然如此，吳先生可不可以講給我們聽？」王蘊理又問。

「可以的。不過，我們以後的講法，只直陳其邏輯結構，而不舉例，因為，我們不再需要了，而且凡與前面雷同的地方，也略而不談。」

吳先生又畫了一個對待方形：

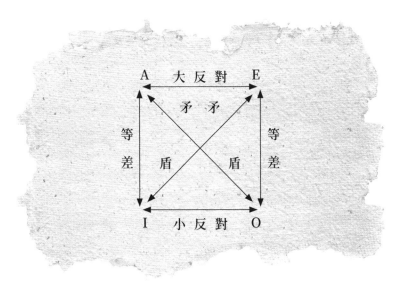

「二位請留意，在這個對待方形所表示的對待關係中，有兩種對待關係與上面的對待方形所表示的不同，即 I 與 O 之間為小反對（Subcontrary）；AO、EI 各為矛盾（Contradictory）。I 與 O 之間的對待關係既為小反對，於是，為了標別起見，我們把 A 與 E 之間的關係改稱為『大反對』，但是其界說條件不變。還有一點，我們也需留意的，即在這一傳統的對待方形中，全謂語句的存在意含只是假定的，未曾明指。所以，我們沒有用 A！和 E！來表示，而只逕直用 A、E 來表示。」

「甚麼是小反對的對待關係呢？」周文璞問。

「小反對的對待關係之界說是：I 與 O 二個語句，如果可以同真，但不能同假，則二者之間的關係叫做『小反對』。依此，I 與 O 既可以同真，那麼由其中之一為真，我們不能斷定另一究竟為真抑為假。因為，其中之一為真時，另一

可以為真，也可以為假，究竟為真抑為假，這要視個別特例而定。例如，『有些人是素食的』，I，為真時，『有些人不是素食的』，O 也真。但是，『有些人是生物』為真，『有些人不是生物』則為假。然而，I 與 O 不能同假。『有些北極熊是熱帶動物』為假，『有些北極熊不是熱帶動物』不能為假。……當然，我們在日常語言中，不會說『有些北極熊不是熱帶動物』這樣的話，假若有人這樣說話，許多人一定笑他是呆子。不過，我們不要忘記，許多人之笑說這種話的人是呆子，這是從習慣出發的。習慣並非真理的標準；科學之可貴，常在其結論出乎常識的局限以外。在邏輯上，『有些』之所指有時可以是『一切』，因此，『有些北極熊不是熱帶動物』，實在等於說『一切北極熊不是熱帶動物』。我們這麼一想，就覺得沒有甚麼不自然了。這樣設句，正所以表示科學設句能到達常識與習慣所不能到達的境地。……復次，從純邏輯的理由，我們更可以顯然知道 IO 不能同假，但能同真。『有些』所指的範圍有時既可以普及於『一切』，因此只要一部分的 S 是 P，而有一部分 S 不是 P，則 I 與 O 可以同真。如果『有些』所指的範圍普及於『一切』，即一切 S 是 P，那麼，I 與 O 之中總有一為真。這麼一來，二者不能同假。關於這種情形用圖解以表示得很清楚。」老教授又畫着：

「從這三個圖解，我們可明明白白看出，I 與 O 之間的真假有三種情形：一、I 真而 O 假；二、O 真而 I 假；三、

I、O俱真。但是，沒有I、O俱假的可能。二位明白了吧？」

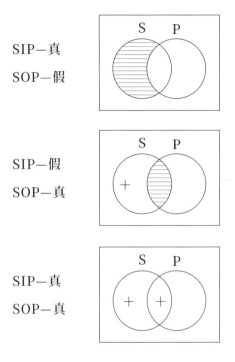

SIP─真
SOP─假

SIP─假
SOP─真

SIP─真
SOP─真

「明白了！」周文璞說。

「這種證明方法，比舉例嚴格牢靠多了。」王蘊理說。

「是囉！」老教授很高興。「這話就算扣擊科學方法的邊沿了……。我們現在再來談談甚麼叫做矛盾。假若我們說『一切歐洲人是基督教徒』，那麼這個語句的矛盾語句是不是『沒有歐洲人是基督教徒』？」

「是！」周文璞說。

「非也！非也！」老教授搖搖頭。「許多人以為『一切歐洲人是基督教徒』的矛盾語句是『沒有歐洲人是基督教

徒』，這是錯誤的。其所以是錯誤的，從邏輯的形式一看便知。『一切歐洲人是基督教徒』是 A 型語句，『沒有歐洲人是基督教徒』是 E 型語句。依前面所說，AE 是互相反對的語句，而不是互相矛盾的語句。」

「吳先生！甚麼才是互相矛盾的語句呢？」周文璞接着問。

「『一切歐洲人是基督教徒』的矛盾語句是『有些歐洲人不是基督教徒』。『有些歐洲人不是基督教徒』是 O 型語句。依剛才所畫的對待方形，我們可知 AO 為互相矛盾的語句。EI 亦然。……形式地說，設有甲、乙兩個語句，如果甲為真，則乙為假；如果甲為假，則乙為真。同樣，如果乙為真，則甲為假；如果乙為假，則甲為真。甲、乙之間的這種關係，叫做『矛盾關係』。這樣看來，甲、乙不同真，亦不同假。既然如此，由其中之一為真，可以推斷另一為假；由其中之一為假，可以推斷另一為真。……矛盾與反對的分別，弄清楚了吧？」

「弄清楚了。」周文璞說。

「弄清楚了，我們可以再進一步以嚴格治方法來演證 A、E、I 與 O 之間的對待關係。我們可以假定 AO 與 EI 各為矛盾，來證明其餘任一種對待關係。剛才畫的一個對待方形可以看作四個三角形之併合，每一個三角形可在矛盾的那一邊反覆各一次，所以，四乘二共得八次。而 A、E、I、O 中每個語句又有真、假二值，或正、負兩面，於

是，二乘八得一十六次。這樣，就窮盡了該圖所示的一切對待關係之演證。我們現在就開始吧！」老教授不憚其煩地畫着、寫着：

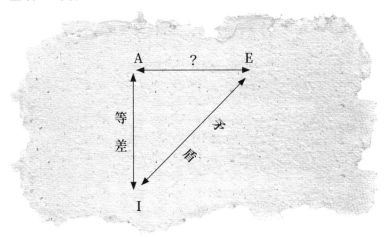

茲設 EI 為矛盾，IA 為等差。

試證 EA 為大反對

證：

合①與②，依界說，EA 為大反對。

「吳先生！這些公式我們看不懂。」周文璞着急起來。

「別忙！別忙！說穿了比甚麼都簡單。老教授笑道：「第一條，E 字頭上掛的小十字架『+』表示『真』；『⊃』符號表

示『如果⋯⋯則──』；一點『‧』表示『而且』；I 字頭上掛的一個小橫扁『-』，表示『假』。兩邊有兩個小點兒的符號，即『‧⊃‧』，比兩邊沒有小點兒的符號『⊃』等級高一層。第一條，用尋常括弧表示出來就是這樣的。」他寫着：

$$① \; \{(\overset{+}{E} \supset \overset{-}{I}) \cdot (\overset{-}{I} \supset \overset{-}{A})\} \supset (\overset{+}{E} \supset \overset{-}{A})$$

　　「所以，第一條用尋常語言讀出，就是：『如果 E 為真則 I 為假，而且如果 I 為假則 A 為假，那麼，如果 E 為真則 A 為假』。你看！這是多麼累贅，而且層次多麼不顯著！」老教授吸了一口長氣：「可是，用像第一條那樣的符號方式表明，就簡明輕鬆得多了，是不是？咱們用象形字用慣了，一看見符號就認為繁難，望而卻步，這真是一個大大的誤解！我們會讀第一條，便會讀第二條，不用贅述。不過，在第二條中，『？』代表『真假不定』。⋯⋯我們剛才是從 EI 出發，經過 IA，證明 EA 為大反對。我們現在從 IE 出發，經過 EA，求證 IA 為等差。」

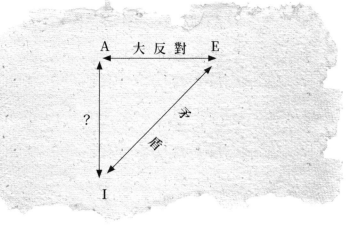

茲設 IE 為矛盾，EA 為大反對，

求證 IA 為等差。

證：

$$
\begin{array}{ll}
① & \overset{+}{I}\supset\overset{-}{E}\cdot\overset{-}{E}\supset\overset{?}{A}\cdot\supset\cdot\overset{+}{I}\supset\overset{?}{A} \\
② & \overset{-}{I}\supset\overset{+}{E}\cdot\overset{+}{E}\supset\overset{-}{A}\cdot\supset\cdot\overset{-}{I}\supset\overset{-}{A}
\end{array}
$$

合①與②依界說，AI 為等差。

「我們再證下去。好吧？」

「好的！」王蘊理似乎很有興趣。

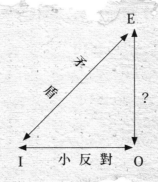

茲設 EI 為矛盾，IO 為小反對，

求證 EO 為等差。

證：

$$
\begin{array}{ll}
① & \overset{+}{E}\supset\overset{-}{I}\cdot\overset{-}{I}\supset\overset{+}{O}\cdot\supset\cdot\overset{-}{E}\supset\overset{+}{O} \\
② & \overset{-}{E}\supset\overset{+}{I}\cdot\overset{-}{I}\supset\overset{?}{O}\cdot\supset\cdot\overset{-}{E}\supset\overset{?}{O}
\end{array}
$$

合①與②，依界說，OE 為等差。

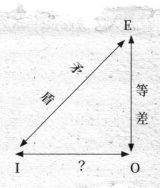

茲設 IE 為矛盾，EO 為等差，

求證 IO 為小反對。

證：

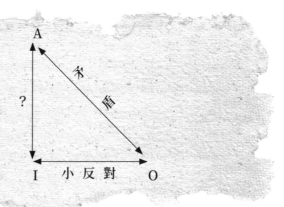

合①與②，依界說，OI 為小反對。

152

茲設 AO 為矛盾，OI 為小反對，

求證 AI 為等差。

證：

$$
\begin{array}{llll}
① & \overset{+}{A}\supset\overset{-}{O}\cdot\overset{-}{O}\supset\overset{+}{I}\cdot\supset\cdot\overset{+}{A}\supset\overset{+}{I} \\[4pt]
② & \overset{-}{A}\supset\overset{+}{O}\cdot\overset{+}{O}\supset\overset{?}{I}\cdot\supset\cdot\overset{-}{A}\supset\overset{?}{I}
\end{array}
$$

合①與②，依界說，AI 為等差。

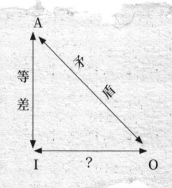

茲設 ＯＡ 為矛盾，AI 為等差，

求證 ＯＩ 為小反對。

證：

$$
\begin{array}{llll}
① & \overset{+}{O}\supset\overset{-}{A}\cdot\overset{-}{A}\supset\overset{?}{I}\cdot\supset\cdot\overset{+}{O}\supset\overset{?}{I} \\[4pt]
② & \overset{-}{O}\supset\overset{+}{A}\cdot\overset{+}{A}\supset\overset{+}{I}\cdot\supset\cdot\overset{-}{O}\supset\overset{+}{I}
\end{array}
$$

合①與②，依界說，OI 為小反對。

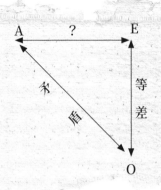

茲設 AO 為矛盾，OE 為等差，

試證 AE 為大反對

證：

$$① \quad \overset{+}{A} \supset \overset{-}{O} \cdot \overset{-}{O} \supset \overset{-}{E} \cdot \supset \cdot \overset{+}{A} \supset \overset{-}{E}$$
$$② \quad \overset{-}{A} \supset \overset{+}{O} \cdot \overset{+}{O} \supset \overset{?}{E} \cdot \supset \cdot \overset{-}{A} \supset \overset{?}{E}$$

合①與②，依界說，AO 為大反對。

「還有一個沒有證。我已經證得太多了，剩下的一個留給二位試試，這樣也可以得到一點邏輯訓練。二位覺得這樣演證起來，太麻煩嗎？」

「不，不，我們覺得這是一種很好的思考訓練，可以使我們領會到謹嚴的思考方式是怎麼回事。」周文璞說。

「對了！這樣才會入邏輯之門，而且會發生興趣的。」吳先生很高興。

「吳先生，您的演證除了每一次係從一對矛盾語句之一的正反兩面着手以外，好像都是循着一種推論方式進行的。是不是的？」王蘊理問。

「是的，如果將 A、E、I、O 撇開，並且不計其正負，而把證明的語句各別地代以 a、b、c，那麼我們就可以把這些證明依之而進行的推論方式寫成這個樣子。是不是？」

$$a \supset b \cdot b \supset c \cdot \supset \cdot a \supset$$

「是的，我想的正是這個意思，不過我表示不清楚，謝謝您的幫助……。這種推論方式叫做甚麼呢？」他又思索着。

「這種是三段式的推論方式。」

「您以後有機會可以把這種推論方式講講嗎？」

「三段式的推論方式很重要，有機會也是要研究研究的。」

第十次

三段式

「我們今天要談談另一種推論方式。這種推論方式，我們在上一次已經提到過了，就是三段式（Syllogism）。」吳先生開始他的談話。

「邏輯裏常常講到三段式，是不是？」王蘊理問。

「是的。」吳先生說：「其實三段式不止於是邏輯書裏有，在日常言談之間也用到。比如說，上次學校貼出陷區學生請領救濟金的佈告，有一位同學對另一位同學說：『我們趕快去請領救濟金吧！』這種想法和說法的根據是一個三段式，不過所據的三段式隱伏起來，沒有明顯說出來罷了。我現在明白地陳示出來，各位就可以明瞭。」

吳先生的室內新掛起一塊小黑板。黑板掛得低低的，坐在椅子上就可以寫字。吳先生一面順手在黑板上寫道：

凡陷區學生是可請領救濟金的

我們是陷區學生
_____

∴我們是可請領救濟金的

「這就是三段式之一例，我們可就這個例子來分析三段式。首先，我們必須弄清楚，所謂三段式，就廣義而言，種類是很多的。例如，我們在從前所討論的選取推論，在形式上也是三段式的。復次，如果 a 包含 b 而且 b 包含 c，那麼 a 包含 c。像這種有傳達性的關係之推論，也是三段式的推論。不過，我們在這裏所說的三段式，它的成素限於 A、E、I、O 四種主賓詞式的語句，這四種語句又叫做『定言語句』（Categorical Sentence）。因此，以定言語句作為成素的三段式叫做『定言三段式』（Categorical Syllogism）。不過，為了簡省起見，我們在以後一概將定言三段式簡稱『三段式』，這是我們在這裏所說的三段式的性質。其次，我們在此所說的三段式有而且只有三個語句。這裏所謂的語句，當然是 A、E、I、O 四種定言語句中之一。以後同此。還有，三段式包含而且只包含三個名詞，以上所說的三段式，就包含着三個語句以及三個名詞。這二者可以視作是三段式的界說。

「各位可以一眼看出，黑板上寫的那個三段式的構成語句無一不是主賓詞式的語句，而且那個三段式中的語句只有三個，語句中的名詞也只有三個。」

「吳先生，您在黑板上寫的那個三段式的確只有三個語句，可是，三個語句各有兩個名詞，那麼應該一共是六個名詞，數一數也是六個名詞，而您說只有三個名詞，這是甚麼道理呢？」周文璞問。

「王蘊理！周文璞不懂這個道理，請你想想看。」

「……這……這……這個道理實在想不出來。」

「哦！大家對於這個道理感困難？……」老教授說着，又順手在黑板上寫五個『人』字：

人人人人人

「請問二位，黑板上有幾個『人』字？」

王蘊理和周文璞給這一問，半晌答不出話來。

「我再請問，王蘊理在學校註冊證寫上『王蘊理』三個字、在自己的書上寫『王蘊理』三個字、在學期考試卷上寫『王蘊理』三個字，那麼，究竟有幾個『王蘊理』？」

他們二人給這個奇怪問題弄呆了。

「哈！哈！」老教授笑道：『人』字可以說是一個，也可以說是五個。就人字的記號設計（Sign Design）來看，人字只有一個。因為『人』字這個記號的設計只有一個。就人字的記號事件（Sign Event）來看，人字有五個。因為人字出現（Occur）了五次。現在的問題是，在我們平常的語言用法之中，所注重的是記號設計，還是記號事件。在實際上，我們運用語言時，很少因為是一記號而運用之，即很少為記號而用記號，除非作語法研究，或為好玩。我們平常運用語言，是為了引起語言之所指或意謂，假定一個語言記號只有一個所指或意謂，那麼一個語言記號用了 n 次，還

只涉及一個所指或意謂。因此，在注重意義的場合，我們所注意到的是記號設計，而不是記號事件。於是，我們所計算的，是有好多個記號設計，而不管有好多個記號事件。例如，人口調查局所注意的，只是『王蘊理』這個記號設計所指的一個人，它不管『王蘊理』這個記號出現了多少次。依此，一個記號設計即使出現無窮次，我們還是算它只有一個。如果一個記號設計所表出的名詞只有一個所指，那麼我們說只有一個名詞。這種解析對於我們有重要作用。『王蘊理』這個名字無論出現多少次，世界上只有一個王蘊理，正猶之乎世界上只有一個凱撒、一個莎士比亞、一個康德，我們不能因『王蘊理』這個名字出現了多次而說世界上有多個王蘊理其人。否則，」老教授笑道：「現在應有好幾個王蘊理其人在我面前了。依同理，在上述三段式的三個語句中，只有三個名詞，即『陷區學生』、『可請領救濟金的人』和『我們』三個名詞，不過這三個名詞的記號事件各出現二次罷了。我們在尋常的場合，所着重的通常是以一個記號設計表出的名詞。所以，在上述三段式中，有而且只有三個名詞。這三個名詞雖然各出現二次，但在二次出現中每個名詞的記號設計全同，而且二次用法之所指也全同，所以，還只算三個。……這個道理，二位明白沒有？」

「明白了。」

「知道了。」

「這個道理明白了，我們現在進而討論三段式的結構。

關於三段式的結構，」吳先生繼續說：「可以從兩方面來分析。第一，從外部來分析；第二，從內部來分析。我們現在從外部開始。為了便於瞭解起見，我們再舉一個三段式。」

吳先生又在黑板上寫着：

> 沒有自私的人是快樂的人①
>
> 凡損人利己者是自私的人②
> ――――――――――――――
> ∴沒有損人利己者是快樂的人③

「從外部分析起來，這個三段式有二個前題（Premises）和一個結論（Conclusion）。」吳先生指着黑板道：「①②是前題，③是結論。前題又分大小，①為大前題（Major Premise）；②是小前題（Minor Premise）。從內部分析起來，名詞有三個，即小詞（Minor Term）、大詞（Major Term）和共詞（Common Term or Middle Term）。我們依次各別地以G、H和M表示之。小詞G在小前題和結論中各出現一次，小詞在小前題中有時為主位詞端，有時為賓位詞端，但它在結論中一定是主位詞端。大詞在大前題和結論中各出現一次，大詞在大前題中有時為主位詞端，有時為賓位詞端，但它在結論中一定是賓位詞端。

「我們再討論共詞M。共詞M既須在大前題出現，又須在小前題出現，可是，無論如何，它永遠必須不在結論出現。M在三段式中的作用非常重要，它的作用在介繫大

詞與小詞，使大詞與小詞發生關聯。像舊式婚姻，男女雙方需要媒人撮合，新式結婚則需要介紹人一樣，否則不好辦理！」

「哈哈！」

「的確是這樣的。」老教授說道：「如果三段式中沒有共詞 M，那麼小詞與大詞無從發生關聯。如果小詞與大詞無從發生關聯，那麼三段式的推論也就不能成立了。

「在上面所舉的例中，『快樂的人』是大詞 H，『損人利己者』是小詞 G，『自私的人』是共詞 M。我們如果只寫這三個名詞的記號，那麼前面所舉的例子就可以寫作下式。」

吳先生又拿起粉筆在小黑板上寫着：

$$
\begin{array}{l}
\text{沒有 M 是 H} \\
\text{凡 G 是 M} \\
\hline
\therefore \text{沒有 G 是 H}
\end{array}
$$

「這樣寫法比較簡單多了。我們在以後要儘可能避免用文字，而多用這樣的記號法。用記號法不獨簡單，而且便於運算。各位看看記號法在數學裏的作用之大，就可以想見它在邏輯裏的作用之大了。」

「聽說用記號的邏輯是符號邏輯派。是不是這樣的呢？」王蘊理問。

「這又是流傳的誤解之一。」老教授皺皺眉頭：「嚴格地

說，中國之研究邏輯，還剛在起始的階段，怎麼說得上『派』呀！一門學問成派，是要在走了很長遠的道路以後；並且，很少夠資格的學人自己標榜居於何派的，常常是寫學術史的人，因着某家的研究門徑或作風不同，而命名之曰某派，絕沒有在剛開始的時候就可自居立於何派的。果真如此，不是幼稚，便是自尋死路，弄不好學問。至少，就邏輯來說，我們只有虛心學習才對。……而流行的成見，倒是這麼多，這不知道是怎麼回事！邏輯而用符號表示時便看作一派，實在是一錯誤，我且引一段話給二位看。」吳先生打開一本 Alice Ambrose 與 Morris Lazerowitz 二教授合著的一本名著，找出一段，一面翻譯道：「用特殊的記號法，結果使邏輯產生一個特點，這個特點就是邏輯穿起『符號的』現代外衣。有些人以為，『符號』邏輯與所謂『古典』邏輯或亞里士多德式的邏輯，在其同為邏輯上，是彼此不相同的派別，他們以為二者的題材不是同一的。這種看法完全是錯誤的。無論是『符號』邏輯也好，或『古典』邏輯也好，都只有一個題材，即是『形式的概念』。

「的確，因邏輯應用符號而說『符號邏輯』是不太好講的。數學更是大規模應用符號，怎麼不說『符號數學』呢？一般所瞭解的『符號邏輯』，和亞里士多德傳統比較起來，不過只有精粗程度之不同，和範圍廣狹之別而已。前者為後者之發展，後者為前者之前身，若金沙江之與長江然，在性質上二者完全一樣。邏輯傳統與邏輯之現代的研究之

不同，亦若算術與代數學之不同。我們不能說算術與代數
學各為不同的『派』，既然如此，我們也就不能說邏輯傳
統與其現代的研究是不同的『派』。現在西方邏輯家之用
『符號邏輯』這個名詞，其着重點在表示邏輯一學，自波勒
(G.Boole) 以來，已經進入一個新的『階段』，並非不同的
『派別』。

「『派』是不可隨便說的。『派』是個很難說的東西，有
些學問之有派，亦若文章之有風格，很少人敢說他初寫文
章便有何風格。風格是神韻，文章寫久了，有了火候，有了
功力，有了積蘊，有了局格，才有神韻可言。各個大作家各
有不同的積蘊、局格、火候……因而我們可以說這一大家
之文與那一大家之文的風格各異其趣。當然，有些學問派
別不同之點，是可以實徵地點指出來的。這類學問在研究
有了相當的深度，對於同一題材發現不同的看法或提出不
同的解決方法，因而產生了派別，這樣的派別才是真正的
派別；這樣談派，才有分量。如果我們對於某一種學問還
沒有看見門在何處便大談派別，充其量不過助長浮光掠影
的興致而已。……二位覺得我這意見怎樣？」老教授說完，
輕輕噓一口氣，似乎很感慨的樣子。

續三段式

第十一次

「喂！王蘊理！我昨天到市場去買來兩條 Lucky Strike 牌的香煙。」

「你也不抽煙，買它幹嗎？」

「預備送吳先生的。他講了這麼久，我們沒有送點禮物表示表示意思。我看他抽的煙很壞，他煙癮又那麼大，送點好煙他抽，他的情緒豈不好一些？哈哈！」

「你倒是還講點師道。現在的人，早已把這一套拋到九霄雲外了。師道不存，學問一點尊嚴也沒有，所以，世界弄成這個樣子啊！」

「你老是愛發感慨。別講閒話。我們馬上到吳先生那兒去吧！」

二人從小路繞到了吳先生門口，敲門。

「暴雨快要來了，二位請趕緊進來吧！」吳先生打開門：「這幾天幾乎每天下午都下陣雨，據說這是所謂『定時雨』，這是此地氣候上的特色。」

「也好，每天午後下一陣子可以解解涼。」王蘊理接着說。

「吳先生，我們今天送點煙給您抽。」周文璞拿出煙。「為甚麼要買煙呢？」

「不為甚麼，我們希望吳先生抽點好煙。」

「我……謝謝！現在好煙不容易買到。」

「好書更不容易買到。」王蘊理說。

「那當然，這個時候……」吳先生凝着神，像在想甚麼。

「吳先生上一次談的，是三段式的界說性質和它的結構。」王蘊理說：「現在請問在行三段式的推論時，是否有甚麼方法保證這種推論有效？」

「當然有，否則邏輯可以不必研究了。」吳先生很堅定地說：「我們在上一次說過，一個三段式是由三個語句構成的。我們不難知道 A、E、I、O 四式語句，每次任取三個，那麼，三個一聯，三個一聯，一共有 4^3=64 個成三的組合單位。如 AAA、EEE、III 等等。這些成三的組合單位，邏輯傳統叫做『模式』（Moods）。不過，這些模式之中，有許多多是無效的。這裏所謂無效，意即不是在一切情形的解釋之下為真。這也就是說，這些模式的解釋，在有些情形之下固然為真，可是在另外有些情形的解釋之下則為假。這類模式，便叫做『無效的模式』。當然，如果我們有耐心，不怕麻煩，肯一個模式一個模式地試下去，那麼我們也會發現那些模式是有效的，並且排棄其餘無效的模式。但是，這種辦法非常費時，很不經濟。邏輯傳統中有一種辦法，我們依照這種辦法，便可以決定那些模式是有效的，那些

模式是無效的。」

「吳先生可以告訴我們嗎？」周文璋問。

「請別急，我是要往下講的。邏輯家決定那些模式是否有效的辦法，就是提出一組規律。憑着這組規律，我們就可以決定那些模式有效，那些模式無效。當然，像在上次所說的對待關係之一種一樣，我們還是認定 A、E 各有存在意含。不過，為了簡便，我們在這裏沒有用特別的記號標出。我們現在就分開討論這組規律。

「第一，在二個前題之中，共詞至少必須普及一次。為了說明這條規律，我們舉一個例子。」老教授拿起粉筆在黑板上寫：

> 凡信戒殺論者是吃素的
>
> 凡中國和尚是吃素的
> _____
>
> ∴凡中國和尚是信戒殺論者

「為了證試這個三段式中的共詞是否有一次普及，我介紹一個方法。我們在從前說過，A 的普及情形是〇⌣、E 是〇〇、I 是⌣⌣、〇 是⌣〇。四式語句的詞端普及與否的這四種情形，乃決定三段式的推論是否有效的必須條件，所以各位一定要熟記在心。當着我們碰見三段式的特例時，我們檢證它是否有效的方法，乃首先要看其中的語句是屬於那一式；其次要找出其中的共詞；再其次找出大詞和小

詞。語句的形式找出以後，一一用前幾次所說的符號表示。中詞、大詞和小詞找出以後，也用已經說過的符號表示。這些手續是非常容易的。這一套手續做過了以後，我們再依三個語句是那一式而填上普及與否之記號。例如是 A，我們就在 A 的主位詞端記號的右上角加一個〇，在賓位詞端記號上右角加一個‿，其他類推。我們必須知道，詞端的主位和賓位是固定的，可是，在二個前題中，G、H、M 三個詞端，那一個是主位詞端，那一個是賓位詞端，卻沒有一定。在二個前題中，G 在有的情形之下是主位詞端，在另外的情形之下是賓位詞端。它居於語句的主位，便算是主位詞端；它居於語句的賓位，便算是賓位詞端。因此，在我們填〇、‿記號時，根本撇開前題中 G、H、M 誰是主位詞端誰是賓位詞端不管，而只看前題的標號是甚麼。前題的標號是 A，立刻照才將所說的辦法記上〇、‿，其餘類推。所以，在這種情形之下，我們用〇或‿來標記的，無關於大詞、小詞和共詞，而簡單地是標記在主位和賓位的各詞。這像舊式宴客的辦法一樣，如果招待不認識客人，那麼不必管那一個，凡是坐在首席的，先斟一杯酒，其次二席，再次三席，……。這樣一來，各個名詞是否普及，可一目瞭然，當然共詞是否普及，也可一目瞭然。這種方法非常機械，並且可以推廣應用，在檢證三段式是否有效時很是便利。在二個前題中出現兩次的詞端一定是共詞，在結論的賓位出現的詞端一定是大詞，在結論的主位出現的詞端

一定是小詞。依此，我們可以在前題中將大詞和小詞找出。

「我們不難依照剛才所說的種種辦法將上面所舉的例子加以處理。毫無問題，上例的三個語句都是 A 式語句。大詞是『信戒殺論者』、小詞是『中國和尚』、共詞是『吃素的』。於是，上例可以表示為：」老教授又寫着：

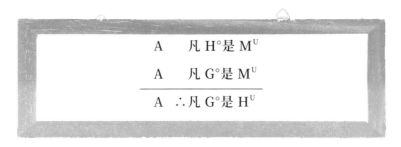

$$A \quad 凡\,H\,是\,M$$

$$A \quad 凡\,G\,是\,M$$

$$A \quad \therefore 凡\,G\,是\,H$$

「這一步做了，我們再將 A、A、A 三個語句各別是否普及的情形填到 H、G、M 旁邊。」吳先生又寫出這個式：

$$A \quad 凡\,H^{\circ}\,是\,M^{U}$$

$$A \quad 凡\,G^{\circ}\,是\,M^{U}$$

$$A \quad \therefore 凡\,G^{\circ}\,是\,H^{U}$$

「從這個式子，我們立刻可以明顯地看出在上面所舉的例子中，共詞 M 沒有普及過一次。

「從這個式子，既然我們立刻可以明顯地看出，在上面所舉的例子中，共詞 M 沒有普及一次，所以上例是無效的。我們現在要追問，在兩個前題中，如果共詞 M 一次也沒有普及，何以三段式無效呢？普通說來，大詞所代表的類

與小詞所代表的類，必須與共詞所代表的類之同一的部分關聯着，我們才能推論大詞所代表的類與小詞所代表的類有何關聯。如其不然，那麼便是大詞所代表的類與小詞所代表的類在任何場合之下都沒有發生過任何關聯，這樣一來，我們便無從決定這兩個類有何關聯。信戒殺論者是吃素的人之類之一部分，中國和尚也是吃素的人之類之一部分，我們實在推不出信戒殺論者與中國和尚有甚麼必然關聯。因為，信戒殺論者也許是和尚，也許不是；吃素者也許是和尚，也許是在家人。貓是吃飯的，狗也是吃飯的，我們不能推論貓和狗有何關聯。也許有人說，由貓和狗都是吃飯的，我們可以推論二者都是家畜。如果這算是『推論』的話，那麼我們也可以開個玩笑，作這樣的『推論』：貓是吃飯的，天上飛的麻雀也是吃飯的，所以天上飛的麻雀也是家畜。二位承不承認呢？這根本不是推論。由貓和狗都是『吃飯的』，而『推論』二者是家畜，這是外加的條件。這外加的條件不在前提內面，所以不算。如果這樣能算是推論，那一定會弄出許許多多奇奇怪怪的結果，必至天下大亂。例如說：『你爸爸是人，我也是人：所以我是你爸爸。』這不是胡鬧嗎？」

「哈哈！」

「哈哈！」

「這樣看來，邏輯規律不是無所謂的東西，它是有限制力的。邏輯規律看起來是形式的、空架子一般的，不着實

際的。其實，如果我們具有真正嚴格的邏輯訓練，便可感覺到它是具有規範力的。它確能幫助我們檢證推理，因而避免了錯誤。」吳先生抽了一口煙，繼續說：「我們現在討論第二條規律吧！第二條規律是：凡在前題中沒有普及的詞端在結論中亦不得普及。我們還是舉個例子……這個例子，我記得好像是從前舉過的。我們再舉一次，從前二位未曾明白的道理，在這裏便可以明白了。」

一切楊梅是酸味的

沒有香瓜是楊梅

∴沒有香瓜是酸味的

「這個例子，用前面所說的手續處理，就成下式：

A　　一切 M°是 H^U

E　　沒有 G°是 M°

E　∴沒有 G°是 H°

「由這個式子，我們一看便知 "H" 在前題中沒有普及，在結論中普及了，有違第二規律。在上例中，結論『沒有香瓜是酸味的』，我們如果訓練不充分，不易看出它的毛病，而且好像是對的，因為在經驗事實上，沒有香瓜是酸的。其實整個推論是錯的。如果整個推論是錯的，即使結論是

真的，那麼在推論的場合，也是不一致的，所以為錯。這好像畫一個摩登小姐，而安上一副三寸金蓮的腳一樣，是不調和的。

「如果我們將上例中的『香瓜』換成『橘子』，其餘的一點不更動，那麼我們立刻得到一個假的結論：

一切楊梅是酸的

沒有橘子是楊梅

∴沒有橘子是酸味的

「『沒有橘子是酸味的』顯然是一個假的結論。而這個例子除了『橘子』這個詞端更換了以外，一切與上例相同。上個例子由真前題得到真的結論，而這個例子由真前題得到假的結論，可見上例中結論之真是碰巧的，這個例子的結論之假，也是碰巧的。既然前者由真前題得到真結論，而後者由真前題得到假結論，可見其中都沒有一種必然的推論關聯來支持它門，來運算於其間。其實，二例的推論都錯了，其錯同屬一型，這由上列的式子一望可知。二者不過上列一式錯誤的推論之二例而已，由此可見僅憑經驗，根本無推論的把握可言。僅憑經驗來『推論』，常常免不了瞎摸亂猜，只有張開邏輯的透明之眼，我們才能找到必然有效推論的脈絡。」老教授越說越出神，深深地吸了一口煙。

「為甚麼在前題中沒有普及的詞端，在結論中也不可普及呢？這個道理說出來是很簡單的：在演繹的推論中，不可由一類之一部分而推及其全部。如果這樣，便犯潛越的錯誤。依此，在前題中沒有普及的詞端所指的是一類之未確定的部分。因此，如果這個名詞到結論中便潛越地指謂該類之全部，當然不對。吾人須知，可以斷說部分者，不必可斷說全部。

「我們還是進行第三條規律吧！第三條規律說：如果兩個前題都是否定語句，那麼無結論可得。二個前題是否定語句底情形不外乎：EE、EO、OE，以及 OO 四者。在這四者之中，無論那一種都得不到結論。例如：

> 沒有政客是誠實人
> 沒有騙子是誠實人

「也許有人由這兩句話得出『政客就是騙子』。這句話固然有人樂於接受，」老教授笑道：「但這是心理的聯想，不是邏輯的推論。因此，我們只好忍痛割愛。」

「您是不是說，有許多話固然為大家所喜，但不合邏輯時，邏輯家只有放棄它呢？」王蘊理問。

「是的。」吳先生點點頭。「由這一點，正可以顯示邏輯之理的尊嚴。……當然，說它『尊嚴』，無非表示因此而引起的情緒意象而已。就邏輯本身而論，無所謂尊嚴，也無

所謂不尊嚴，這是我們要弄清楚的。從邏輯的觀點來看，有許多為大家所喜的話，言之無效，因而，站在邏輯的立場，只得放棄。從對或錯這一角度來看，邏輯也是有所取捨的。心理的聯想，有時對，有時不對，而邏輯的推論在一切時候都對。依邏輯的觀點看來，從上面兩句話推不出任何結論，因為，『政客』這個類被排斥於『誠實人』之類，『騙子』之類也被排斥於『誠實人』之類，但我們無由知道，『政客』與『騙子』有何關聯。普遍地說，如果 G 與 H 都被排斥於 M 以外，那麼 G 與 H 在任何情形之下沒有發生任何關聯。如果 G 與 H 在任何情形之下沒有發生任何關聯，那麼其無結論可得，理至顯然。

「第四條規律：在兩個前題之中，如果有一前題是否定語句，那麼結論必須是否定語句。兩個前題之中，有一個前題是否定語句的情形有六：AE、AO、EA、OA、IO、OI，後二者不合下一規律，應被排斥，所以只剩四種情形。結果在四種前題配例之中，每一種之結論都是否定語句。茲舉一例：

沒有草食獸是兇猛的

一切山兔是草食獸
_____

∴沒有山兔是兇猛的

「依前述手續，這個例子可以處理如黑板所示：」

$$E \quad 沒有 M° 是 H°$$
$$A \quad 一切 G° 是 M^U$$
$$E \quad \therefore 沒有 G° 是 H°$$

「由此可見這個例子所例示的推論是有效的。這一規律告訴我們，如果有 a 和 b 兩個類互相排斥，即 a 的分子不是 b 的分子，而且 b 的分子也不是 a 的分子，並且另有一類 c 被包含於 a 中，那麼 c 亦必被排斥於 b 之外。依此，有 G 和 H，如果 H 被排斥於 M 之外，而 G 則被包含於 M 之中，那麼 G 必被排斥於 H 之外。拿剛才舉的例子說，如果『草食獸』之類不在『兇猛的獸』之類以內，而『山兔』之類則被包含於『草食獸』之類以內，那麼『山兔』之類必然不在『兇猛的獸』之類以內。換句話說，如果『山兔』類屬於『草食獸』類，而『草食獸』類被排斥於『兇猛的獸』類以外，那麼『山兔』類亦必被排斥於『兇猛的獸』類以外。……這個道理明白了嗎？」

「明白了。」周文璞說。

「這個道理可用幾何圖形表示。」王蘊理說。

「是的。既然明白了，我們就討論第五條規律。第五條規律說：如果兩個前提都是偏謂語句，那麼無結論可得。這一條規律可以從第一條規律推論出來。照理不必提出，不過，為使各位多得一點邏輯訓練起見，我們現在對於這

一條加以證明。為了證明起見，我現在介紹一種形式。這種形式就是格式（figure）。我們從前已經說過，M 在三段式中非常重要，而在三段式中，M 的安排有四種位置。M 的每一種不同的安排位置決定一個格式，依此，格式共有四種。」吳先生寫着：

第一格式	第二格式	第三格式	第四格式
M—H	H—M	M—H	H—M
G—M	G—M	M—G	M—G
G—H	G—H	G—H	G—H

「三段式的格式有而且只有這四種，我們現在可用這四種格式作證明的工具。假若兩個前題都是偏謂語句，那麼前題的配列有四種可能：II、IO、OI、OO。但 OO 為第三條規律所排斥，所以只剩下前三種可能配列。我們現在看看在這三種可能配列之中的每一種配列下，會有甚麼結果產生。

「第一，如果兩個前題都是 II，那麼沒有一個名詞是普及的；如果沒有一個名詞是普及的，那麼其中的共詞當然也沒有一次普及；如果共詞沒有一次普及，那麼根據第一條規律不能得結論。所以，如果兩個前題都是 II，那麼無結論可得。……其實，這樣已夠證明 II 不能得結論，不過，

為給各位更多的訓練，我們拿格式試試。辦法如前。」

	第一格式	第二格式
I	M^U-H^U	H^U-M^U
I	G^U-M^U	G^U-M^U
I	G^U-H^U	G^U-H^U
	第三格式	第四格式
I	M^U-H^U	H^U-M^U
I	M^U-G^U	M^U-G^U
I	G^U-H^U	G^U-H^U

「從以上的解析可知，如果兩個前題都是 II，那麼在四個格式之中無一普及，所以不能得結論。

「第二，如果一個前題是 I 而另一個前題是 O，那麼根據第四規律，結論必須是否定語句。如果結論是否定語句，那麼必定將未在前題普及的詞端在結論中變作普及的。這有違第二規律。

180

$$
\begin{array}{c c c}
 & \text{第一格式} & \text{第二格式} \\
\text{I} & \text{M}^{\text{U}}-\text{H}^{\text{U}} & \text{H}^{\text{U}}-\text{M}^{\text{U}} \\
\text{O} & \text{G}^{\text{U}}-\text{M}^{\circ} & \text{G}^{\text{U}}-\text{M}^{\circ} \\
\hline
\text{O} & \text{G}^{\text{U}}-\text{H}^{\circ} & \text{G}^{\text{U}}-\text{H}^{\circ} \\
 & \text{第三格式} & \text{第四格式} \\
\text{I} & \text{M}^{\text{U}}-\text{H}^{\text{U}} & \text{H}^{\text{U}}-\text{M}^{\text{U}} \\
\text{O} & \text{M}^{\text{U}}-\text{G}^{\circ} & \text{M}^{\text{U}}-\text{G}^{\circ} \\
\hline
\text{O} & \text{G}^{\text{U}}-\text{H}^{\circ} & \text{G}^{\text{U}}-\text{H}^{\circ}
\end{array}
$$

「在這四個格式之中，每一格式前題中之 H^{U}。到了結論裏都變成 H°，這種推論顯然無效。

「第三，如果一個前題是 O 而另一個是 I，那麼可依四種格式來決定推論是否有效：

$$
\begin{array}{c c c}
 & \text{第一格式} & \text{第二格式} \\
\text{O} & \text{M}^{\text{U}}-\text{H}^{\circ} & \text{H}^{\text{U}}-\text{M}^{\circ} \\
\text{I} & \text{G}^{\text{U}}-\text{M}^{\text{U}} & \text{G}^{\text{U}}-\text{M}^{\text{U}} \\
\hline
\text{O} & \text{G}^{\text{U}}-\text{H}^{\circ} & \text{G}^{\text{U}}-\text{H}^{\circ} \\
 & \text{第三格式} & \text{第四格式} \\
\text{O} & \text{M}^{\text{U}}-\text{H}^{\circ} & \text{H}^{\text{U}}-\text{M}^{\circ} \\
\text{I} & \text{M}^{\text{U}}-\text{G}^{\text{U}} & \text{M}^{\text{U}}-\text{G}^{\text{U}} \\
\hline
\text{O} & \text{G}^{\text{U}}-\text{H}^{\circ} & \text{G}^{\text{U}}-\text{H}^{\circ}
\end{array}
$$

「在以上的證示中，在第二、四兩格式裏，前題中的 H^U 到結論變為 $H°$。所以整個以 OI 為前題的推論無效。我們知道，邏輯推論必須有效。所謂有效，就是在每一解釋之下都真，不許有一例外。如有一例外，那麼整個規律便是無效的。

「在邏輯傳統中，還有幾條規律，而且各個格式各有其規律。不過，這些規律都可以從前面所說的規律推論出來，因此，我們不再討論。」

第十二次

變式

「前兩次，我們談過三段式。今天，我們要談談三段式的變式。我們現在所要討論的三段式之變式可以叫做『堆垛式』（Sorites）。不過，我們必須明瞭，我們說堆垛式是三段式的變式，這是將三段式作為基本形式而言，堆垛式可以分解為三段式。但是，堆垛式雖可分解為三段式，可是，這並不表示堆垛式必須以三段式為基礎。堆垛式是否以三段式為基本形式，乃一相對之事。如果堆垛式不以三段式為基本形式，堆垛式依然可以獨立自成一式。事實上，在幾何學的推證程序中，未假定三段式時，堆垛式常被引用。

「甚麼叫做『堆垛式』呢？一系列的語句中，如有 n+1 個語句作為前題，而且有 n 個共詞 M，那麼除最後作為結論的語句以外，其餘作為結論的語句皆隱沒不見。這樣一系列的語句所形成的推論形式，叫做『堆垛式』。」

「吳先生，這算是堆垛式的界說嗎？」王蘊理問。

「是的。」吳先生點點頭。

「這個界說，我簡直不太懂。」王蘊理說。

「我也不懂。」周文璞說。

「大致說來，在表達一種學理時，常遇到一種不易克服的困難。即是，如果過分想做到容易瞭解，那麼對於該學理不免打了折扣。如果對於該學理不折不扣，那麼懂起來也許比較困難。關於數理科學，尤其如此。直到現在為止，我還沒有看見太多的人把這兩者調和至恰到好處。⋯⋯」吳先生點燃一支煙，這回是幸運牌的，一邊說：「當然，如果不從事教學工作，而只專門研究，如愛因斯坦、波爾、歌代勤等，碰不到這類問題。有些學問本身的結構使得人不是一步就可以瞭解的。例如，理論物理學，無論說得怎樣通俗，對於不瞭解高等數學的人，總是茫然。類此的學問實在不少。因為，這類的學問，是在知識之較高的層次上，我們如果不經過那些必經的階梯，是不會瞭解的。我們到鄉下去玩，一腳就可踏進農人的茅屋，可是，遊印度宮殿，那就非經過許多曲折迴環，到不了奧堂。依此，如果一門學問不能太令人易於瞭解，其責不全在研究者。⋯⋯在現代邏輯裏，常有這種情形。」

「吳先生是不是不喜歡目前流行的這種風氣，甚麼都要『大眾化』、『大眾化』的？」王蘊理又問。

「我⋯⋯」吳先生笑笑：「我固然不太喜歡板起面孔『講學』，可是，⋯⋯可是太濫了我也不贊成。就學問來說，愈是流行成了一種口頭禪的東西，愈是有問題。恐怕，少數人長年辛勤獲致的成果，似乎不是大多數人在一兩點鐘之間就瞭解、就能欣賞的。二位覺得怎樣？」

「請老先生進來一下！」阿鳳在喊。

「對不起，我家裏有點事，請二位稍坐一會，我轉身就來。」吳先生說着，起身到內室去了。

「吳先生真有趣，甚麼事一到他嘴裏就是一大篇道理，他很喜歡分析，而且牢騷又多。」周文璞說。

「不！你別錯看了他。」王藴理說：「吳先生是一個孤獨的學人，一個孤獨的靈魂。在他詞色之間，時時流露着對於當前世界的憂慮，尤其是對於學術風氣之敗壞，深致慨歎。一個把道理看得重要的人，常常如此。」

「抱歉，二位久坐了。」吳先生轉身進來：「……我們還是談我們的吧！我們剛才說堆垜式的界說，由那引起一大堆不相干的話。我剛才所說的堆垜式的界說，比較簡練一點，似乎不易一下子就瞭解，其實是不難懂的。那個界說各位暫且放在心裏，不要去管它。隨便一點說，堆垜式，顧名思義就是二個或二個以上的三段式堆垜起來，每一三段式的結論為下一三段式的前題的一種推論形式。我們現在一直討論下去，討論完了以後，那個界說自然就懂了。……依前題排列的秩序，堆垜式可以分做兩種。一種是『前進堆垜式』（Progressive Sorites），或叫『亞里士多德堆垜式』（Aristotelian Sorites）；另一種是『後退堆垜式』（Regressive Sorites），或稱『葛克利堆垜式』（Goclenian Sorites）。我們先討論前者。

「如果第一前題之後的每一新前題為一大前題，而且每

一中間的結論是作為第二個三段式的小前提，那麼這種堆垛式叫做『前進堆垛式』。」

吳先生說着，順手在小黑板上寫一個例子：

欲平天下者先治其國

欲治其國者先齊其家

欲齊其家者先修其身
─────────────
是故欲平天下者先修其身

「這個例子是現成的，而且很自然。在事實上，這個堆垛式是兩個三段式合成的。」

吳先生將這個堆垛式寫成兩個三段式：

欲平天下者先治其國

欲治其國者先齊其家
─────────────
是故欲平天下者先齊其家

欲平天下者先齊其家

欲齊其家者先修其身
─────────────
是故欲平天下者先修其身

「將這個堆垛式拆開，我們可以知道這個堆垛式是兩個三段式合成的。在此，我們可以看出，第一前題『欲平天下

者先治其國』是小前題，其餘『欲治其國者先齊其家』和『欲齊其家者先修其身』都是大前題。第一個三段式的結論『欲平天下者先齊其家』在原來堆垛式中隱沒不見，但拆開後就成第二個三段式的小前題。我們用甲代表『欲平天下者』，乙代表『治其國者』，丙代表『齊其家者』，丁代表『修其身者』。這樣一來，剛才拆開的兩個三段式可以寫成：

第一三段式	第二三段式
凡甲是乙	凡甲是丙
凡乙是丙	凡丙是丁
∴凡甲是丙	∴凡甲是丁

「吳先生，照您在前面所說的，包含大詞的大前題應該寫在小前題上面，包含小詞的小前題應該寫在大前題下面，現在怎把小前題寫在上面，把大前題寫在下面呢？」周文璞問。

「這個不要緊，我們把它改寫過來也可以。」吳先生又寫出如下的兩個三段式：

第一三段式	第二三段式
凡乙是丙	凡丙是丁
凡甲是乙	凡甲是丙
∴凡甲是丙	∴凡甲是丁

「吳先生，這不就是第一格式的三段式嗎？」王蘊理問。

「對了！前進堆垛式，一經解析，根本就是第一格式的三段式，不過原來的寫法不同而已。既然如此，它就根本可依處理第一格式的三段式之規律來處理。

「我常常提醒大家，究習邏輯，最忌泥滯於實例，我們必須理解普遍的形式。我現在把前進堆垛式的普遍形式寫出來。」

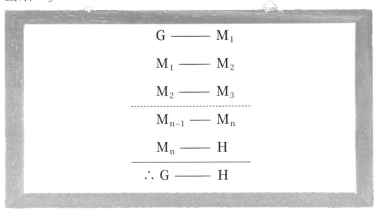

$$G \longrightarrow M_1$$
$$M_1 \longrightarrow M_2$$
$$M_2 \longrightarrow M_3$$
$$\text{------------------}$$
$$M_{n-1} \longrightarrow M_n$$
$$\underline{M_n \longrightarrow H}$$
$$\therefore G \longrightarrow H$$

「這個普遍形式是很容易瞭解的。瞭解了這個普遍形式，我們就可以明瞭前進堆垛式的結構。任何前進堆垛式都具有這種結構，反過來說也是一樣，具有這種結構的形式是前進堆垛式。

「前進堆垛式的討論到此為止，我們再來討論後退堆垛式。如果在第一前題之後的每一前題是一小前題，而且每一中間的結論是第二個三段式的大前題，那麼這種堆垛式便是後退式。例子不必舉。重要的是，我們必須知道後退堆垛式也是三段式堆成的，我們尤其必須知道它的普遍形

式。在此，我們暫且設一個架構，藉之以分析此式。」

$$凡甲是乙$$

$$凡丙是甲$$

$$凡丁是丙$$

$$\therefore 凡丁是乙$$

吳先生以手指着黑板道：「這個堆垛式更顯而易見是兩個屬於第一格式的三段式合成的。」他又寫着：

第一三段式	第二三段式
凡甲是乙	凡丙是乙
凡丙是甲	凡丁是丙
$\therefore$ 凡丙是乙	$\therefore$ 凡丁是乙

「我們現在進一步將後退堆垛式的普遍形式寫出來。」

$$M_1 \longrightarrow H$$

$$M_2 \longrightarrow M_1$$

$$M_3 \longrightarrow M_2$$

$$M_n \longrightarrow M_{n-1}$$

$$G \longrightarrow M_n$$

$$\therefore G \longrightarrow H$$

「從前進堆垛式的普遍形式和後退堆垛式的普遍形式之區別，我們可以知道，二者雖然在結構上都可以改成三段式的第一格式，但是，在另一方面，二者運算的程序則各不相同。前者是前進的，後者是後退的；前者比較自然，我們在日常言談之間常常用到它。

「從以上的解析，我們可以知道，堆垛式中，除了第一前題與最後一個前題可能不是 A 以外，其餘前題必須是 A。」

「吳先生，不是還有省略式嗎？」王蘊理問。

「你近來是不是有看點邏輯書？」

「看是看一點，不過書很老。」

「邏輯傳統中是有所謂省略式，即 Enthymeme。可是，嚴格地說，省略式是說不通的。既云『式』必須是明顯的（explicit）。凡不是明顯的形式化，便不能叫做『式』。現代邏輯極力要求這一點。『完全型式化』（Full Formalization）可以說是現代邏輯的重要希望。特別自語法（Syntax）的研究昌明以後，我們更有希望接近這一點。邏輯傳統中所謂的省略式，嚴格地說，不過是日常說話的方式而已，與邏輯推論一絲一毫相干也沒有。所以省略式既不成其為式，不應列入邏輯的範圍。不過，在邏輯傳統中既有此式，我們不妨順便提一提。邏輯傳統中所謂的省略式，有時省去大前題，有時省去小前題，有時省去結論。其所以作此省略者，原因當然不止一個，而最重要的原因，似乎是所要舉出

191

的那一語句太明顯了，明顯到不必說出的程度。例如『人非聖賢，孰能無過，所以他也有過失呀！』這兩個語句之中的『他也是人』是被省略了，這幾句話是不難擺成三段式的，二位不妨練習練習。可是，無論如何，這是一個修辭問題，不是一個邏輯問題。從前修辭、文法與邏輯的界線沒有劃清楚，因而有這樣的問題產生，現在，這三者的界線已經劃得相當的清楚了，所以現在沒有這樣的混淆。

第十三次

關係

「吳先生！邏輯傳統比現代邏輯的範圍窄，是不是？」
王蘊理問。

「是。」

「窄在甚麼地方呢？」王又追問。

「很多，很多，最明顯而易見的地方，是邏輯傳統沒
有將關係的研究包含進去。我想……如果當初邏輯傳統將
關係的研究包含進去，它的內容一定比較豐富得多。『關
係』（Relation）在邏輯裏很重要，如果沒有關係，那麼邏
輯的內容恐怕要少掉許多。十九世紀有位德國邏輯家叫做
Schroder，他對於關係就作過許多研究，蔚為大觀。」

「關係既然這樣重要，吳先生可不可以講點給我們聽
呢？」周文璞問。

「當然可以，不過……關於關係的研究，認真說來，
在邏輯各部門中是最複雜的一部門，我們現在只好簡單地
談談。」

「關係是甚麼呢？」王蘊理問。

「我們最好先不談這個問題。就一派哲學的說法，關係

好像是空氣，無所不在的東西。這種說法，無論通或不通，似乎不在邏輯範圍以內，所以我們不必討論。如果從純邏輯觀點來推敲甚麼是關係，那麼必須從涵數論（Theory of Functions）開始，這非我們現在之所宜。我們現在所須知道的，是『關係』一詞在各種情形之下的用法。照科學家看來，宇宙之間事事物物總是以各種不同的方式聯繫起來的；物理的事物彼此有空間關係，或有引力關係；人同人之間，是靠婚姻、血統、朋友、同學、同事、同隊……等等關係聯繫起來的。

「關係，我們首先可以從兩種觀點來討論。第一觀點是從關係的性質（Property）來考察；第二種是從關係的外範之數目來考察。就我們現在的目的而言，我們只能多注意到關係的性質方面。在談關係的種種性質以先，為了便於瞭解起見，我們要介紹幾個概念。」

老教授一條一條地寫着：

「界域（Domain）：一種關係 R 的界域乃使 R 與各種事物發生聯繫的一切事物之類。例如，『作丈夫』關係的界域乃一切丈夫之類。

逆界域（Converse Domain）：一種關係 R 的逆界域乃該關係 R 由之而生的一切事物之類。例如『作丈夫』的關係之逆界域，乃一切妻子之類。沒有妻子，當無丈夫之可言。當然，我們也可以說『丈夫』之類乃『作妻子』的關係 R 之逆界域。

範限（Field）：一種關係 R 的範限乃屬於關係 R 的界域與逆界域的一切事物之類。換句話說，範限乃一種關係 R 的界域及逆界域之邏輯和 Logical sum。例如，一切丈夫與妻子的類乃『作丈夫』的關係之範限，也是『作妻子』的關係之範限，也是『夫婦』關係之範限。

反逆（Converse）：關係 R 的反逆，乃當任何時候 a 與 b 有 R 關係時，b 與 a 亦有關係 R。『在東』的關係乃『在西』的關係之反逆。『被稱讚』這種關係，乃『稱讚』關係之反逆；一種關係 R 的反逆之界域的分子與 R 的反逆範限的分子相同。

「談到關係的性質，基本的有三種，即自反性（Reflexivity）、對稱性（Symmetry）和傳達性（Transitivity）。而每一種都有其反面和中間情形，所以一共有九種。

「自反性，一談到自反性，我們不要望文生義，以為是『吾日三省』中的那種『自反』。那種『自反』，是在道德修養上做功夫；也不是所謂『自反的思想』（Reflective Thinking) 中的『自反』。這種自反，至少在一種意義之下，是思想反照着思想。我們現在所說的自反是一種純粹的關係，一個類是它自己，一個語句是它自己。用符號來表示是：

xRx

「如果 aRa 對於關係 R 的範限之每一分子為真，則此關係 R 是自反的。『相似』是一種自反關係。一個人，無論如何，在任何情形之下，總是與他自己相似的。

「自反的反面是不自反 (Irreflexive) 關係。如果 aRa 對於關係 R 的範限之每一分子為假，則此關係是不自反的。『異於』是不自反的關係。任何人不能『異於』他自己。『作兒子』的關係是不自反的，任何人不能夠自己作自己的兒子；『作父親』的關係也不是自反的，一個人不能是他自己的父親。不自反關係，在我們現在看來，似乎無關重要，不值一提，這是因為我們沒有碰見邏輯上比較精細的問題。類的分子關係 (Class Membership) 是不自反的，這點就甚關重要，如果不然，我們說類是它自己的分子，那麼便會引起極嚴重的自相矛盾。這種自相矛盾，是一種詭論。現代邏輯家費了很大的氣力才消除了這種詭論的。

「在自反與不自反之間有准自反 (Mesoreflexive) 關係。如果 aRa 在有些情形之下為真，而在另外的許多情形之下為假，則關係 R 為准自反，『欣賞』便是這種關係。有人自我欣賞，有人不好意思，所以，是准自反的。在一類人中，『自傲』是准自反性的關係，因為，在一類人中，有的人自傲，有的人不自傲。可能自反而不必然自反的關係就是准

自反關係。

「對稱性。如果無論在何情形之下 aRb 為真則 bRa 亦真，則關係 R 是對稱的。『夫婦』關係是對稱的，如果 a 與 b 有夫婦關係，則 b 與 a 也必有夫婦關係。中國傳統的建築多半是對稱性的；皇帝兩邊有左臣右相，也是對稱的。曹操款待劉備，青枚煮酒論英雄時，若曹操坐在劉備對面，劉備也當然坐在曹操對面。『對面』就是有對稱性的。『同年』有對稱性，如果張三與李四是同年的，那麼李四一定也與張三是同年的。不過，邏輯並不涉及類此一個一個有對稱性的特殊關係，而只研究普遍的對稱性。對稱性用符號表示出來是：

$$如果\ aRb，那麼\ bRa$$

「在黑板上所寫的公式中，a、b……表示關係項之變量。R 表示任何關係。於是這個公式讀作：如果 a 與 b 有 R 關係，那麼 b 與 a 有 R 關係。假若有 a、b 是一對雙生子，如果我們說 a 的相貌像 b，那麼我們也得承認 b 的相貌像 a。因為『相像』是對稱的。在這種關係之中的兩項，無論怎樣對詞，總是說得通的。

「可是，並非所有的關係皆有對稱性。周文璞，我現在請問你，如果 a 是 b 的弟兄，那麼 b 是否是 a 的兄弟？」吳先生慢慢吸煙，等着周文璞回答。

「大概是吧！」

「哈哈，大概是的！我說大概不是的。邏輯界域裏有甚麼大概可言？」老教授忍不住笑道：「如果蘇轍是蘇軾的弟兄，那麼蘇軾是不是蘇轍的兄弟？請你再想想。」

「當然是的。」

「好吧！那麼我再請問你，如果蘇軾是蘇小妹的弟兄，那麼蘇小妹是不是蘇軾的兄弟？」

周文璞楞住了。

「哦！這一下你發現困難了吧！從這個例子，我們就可以知道，我們不能由 a 是 b 的弟兄，而隨便順口就說 b 是 a 的弟兄。如果 a 是 b 的弟兄，那麼在有的情形之下，b 是 a 的弟兄；在另外的情形之下不是，而是姊妹。類此的關係很多。例如，如果甲男子愛乙女子，那麼乙女子也許愛他，也許不愛，可沒有人保險，是吧？」

「呵呵！」

「哈哈！」

「這種關係，用符號表示出來是，」吳先生又在黑板上寫着：

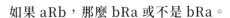

如果 aRb，那麼 bRa 或不是 bRa。

「這種關係性質，叫做『准對稱性』(Mesosymmetry)。『作朋友』的關係便是准對稱性的。a 跟 b 扯交情，b 不見

得一定與 a 扯交情，也許扯，也許不扯。有的人愛說『我的朋友胡適之』，也許胡適之還不認得他哩！……可是，准對稱性並不是反對稱性（Asymmetry）。反對稱性可以表示：

如果 aRb，那麼 bRa

「如果美國較英國富，那麼一定不是英國較美國富；如果我較你高，那麼你一定不比我高；如果甲在乙之右，那麼乙一定不在甲之右；如果黃帝是我們的祖先，則我們一定不是黃帝的祖先。『作祖先』、『較富』、『較高』、『在右』等等關係，都是反對稱性的。

「我們現在要談談傳達性（Transitivity）。假若某趙大於某錢，而且某錢大於某孫，那麼一定是某趙大於某孫。假若有 A、B、C 三個類。如果 A 包含 B，而且 B 包含 C，那麼一定 A 包含 C。如果甲矮於乙，而且乙矮於丙，那麼甲一定矮於丙。『大於』、『包含』、『矮於』等等關係，都是有傳達性的。用符號表示是：

如果 aRb 而且 bRc，那麼 aRc。

「可是，如果 a 和 b 有某種關係 R，而且 b 和 c 有某種關係 R，那麼 a 和 c 之間在某些情形之下有某關係 R，而在其他情形之下沒有，這種關係叫做『准傳達性』（Mesosymmetrical）

的關係。用符號寫出來：

> 如果 aRb 而且 bRc，
>
> 那麼 aRc 或不是 aRc。

「這種關係是很多的，『朋友』關係便是其中之一。如果英國是美國的朋友，而且美國是中國的朋友，那麼英國不必是中國的朋友。如果周文璞是王蘊理的朋友，而且王蘊理是另一人的朋友，那麼周文璞也許是另一人的朋友，也許不是那另一人的朋友，周文璞也許根本就不認得那個人。所以，我們不可因周文璞是王蘊理的朋友，而且王蘊理是那另一人的朋友，而推論周文璞是那另一人的朋友。『朋友的朋友是朋友』不見得是真話。『喜歡』也是如此，甲喜歡乙，而且乙喜歡丙時，甲也許喜歡丙，也許不喜歡，並無一定，這是因為『喜歡』雖然可能有傳達性，但不必然有傳達性。

「不過，准傳達性與反傳達性（Intransitivity）不同，我們不可混為一談。」吳先生加重語氣：「反傳達性的關係是：如果 a 與 b 有某種關係 R，而且 b 與 c 有某種關係 R，那麼 a 與 c 一定沒有某種關係 R。我的祖父是我父親的父親，但是，我的祖父一定不是我的父親；X 是 Y 的兒子，Y 是 Z 的兒子，X一定不是 Z 的兒子。具有這種性質的關係很不少。『……的師傅』、『……的母親』等等都是。我們可以將這種關係性質表示作……」

吳先生寫出：

如果 aRb 而且 bRc，那麼不是 aRc

吳先生靠在沙發上，慢慢抽着煙。

「這幾種關係性質並列在一起，便有怎樣的性質呢？」
王蘊理問。

「如果這幾種性質並列在一起，那麼所產生的性質便很
複雜。我們現在只將幾種最簡單的提出說說。

「最顯然易見的性質，是既自反又對稱而且又有傳達性
的關係，等於就是具有這三種性質的關係。A 等於它自己，
這是有自反性；若 A 等於 B，則 B 等於 A，這是有對稱性；
若 A 等於 B，而且 B 等於 C，則 A 等於 C，這是有傳達性。

「既有對稱性又有傳達性的關係。『同時』是既有對稱
性又有傳達性的關係。若甲與乙同時到達，則乙必與甲同
時到達。若與甲與乙同時上船，而且乙與丙同時上船，則
甲與丙必為同時上船。

「有對稱性而是反傳達性的性質，一排士兵在一條直線
上站立時便有這種關係。若甲兵緊靠乙兵之旁，則乙兵必
緊靠甲兵之旁，這是有對稱性。可是，若甲兵緊靠乙兵之
旁，而且乙兵緊靠丁兵之旁，則甲兵一定不是緊靠丁兵之
旁，這是無傳達性。

「有傳達性而又有反對稱性的關係。若周文璞比王蘊理起得早，而且王蘊理比我起得早，則周文璞一定比我起得早。『早些』有傳達性，但無對稱性。若周文璞比王蘊理起得早，則王蘊理一定不比周文璞起得早。『兄長』也是如此，若老大是老二的哥哥，而且老二是老三的哥哥，則老大一定是老三的哥哥，這是有傳達性，但沒有對稱性；若老大是老二的哥哥，則老二一定不是老大的哥哥。『美些』、『在右』……等等都屬這一類。

「反對稱而又反傳達的關係。『作祖父』、『作父親』、『作兒子』……都是這種關係；若甲是乙的祖父，則乙一定不是甲的祖父，這表示『祖父』無對稱性。若甲是乙的父親，而且乙是丙的父視，則甲一定不是丙的父視；『作兒子』的關係亦然，都無傳達性。

「從關係的外範着想，即依照關係所包含的項目之多少着想，關係可以分作二項的 dyadic，三項的 triadic，四項的 tetradic，五項的 pentadic，……多項的 polyadic。『羅米歐愛朱麗葉』，在這個語句中，『愛』是二項關係。結婚時『作介紹人』則是三項關係，因此項關係牽涉『作介紹人者、男方以及女方』。」

「我們還可以從別的方面來考慮關係嗎？」周文璞問。

「當然可以。依項目與項目之間的對應情來考慮，關係可分作：一對一（One–one）、一對多（One–many）、多對一（Many–one）、多對多（Many–many）四種。在基督教的

規定之下，夫婦關係是一對一的關係。可是，假若一個未婚女子不只交一個男友，則她對男友的關係是一對多的關係。……。所以，」老教授笑道：「你在與某小姐交朋友時，別生出誤會，以為是一對一的關係哩！」

「哈哈！學了邏輯就不致誤會了！」周文璞得意地說。

「『作司令官』的關係也是一對多的關係。是不是？因為，在一個單位中，只有一個司令官，而兵則很多。多對一的關係也常見。在演講中，聽眾是多，講演者往往是一。『作臣僕』的關係也是多對一。在古代專制之下，作臣僕者眾，而作君王者只有一人。多對多的關係，例如，『作教員』。在一個學校中，教員有許多，學生也有許多，所以是『多對多』。

「關係的研究，我們在這裏已把基本要點指出。至於詳細的推演，只有待將來。」

關於思想三律

第十四次

「前幾天朋友送來一包印度紅茶，我看味道的確不錯，二位請試試看。」

吳先生叫阿鳳泡了三杯紅茶，拿到客廳來。

「好，謝謝。」周文璞嚐了一口：「印度北部阿薩密省一帶，茶園非常之大，有時火車走了半天，還是紅茶園範圍裏跑。茶樹栽得很整齊，樹腳下一齊塗滿白色的防蟲藥粉，每當微雨初晴、天氣好的日子，喜馬拉亞山隱隱在望，印度採茶女紛紛出來採茶，成千成萬，紅紅綠綠，一直映到地平遠處，煞是好看。」

「哦！你到過那兒？」吳先生問。

「曾到過一次。」

「印度也有邏輯吧！」王蘊理問。

「有些人是這麼說的，即是因明學，不過，……」吳先生輕輕搖着頭：「卻很少聽到嚴格弄邏輯的人這麼說的。此『邏輯』非彼邏輯。當然，因明學也多少有邏輯成分，可是，如果因着因明學多少有邏輯成分而可以叫做邏輯，那麼幾何學與代數學更可以叫做邏輯，因為二者的邏輯成分更多。

206

因明學有近似三段論的地方，有時又夾雜着歸納似的舉例求證。我看與其說它是邏輯，還不如說是方法論——佛學方法論。它是為佛學之建立而發展的方法論，這與西方傳衍於亞里士多德的邏輯，實在大異其趣。亞里士多德的邏輯，主要係為知識而知識的產品，它發展到了現代，尤其是如此。因明學呢？只能看作是宗教思想的附產品。如果一定要叫它是邏輯，也未嘗無此命名之自由。不過，在叫它是邏輯的時候，我們必須知道它與我們這些日子所講的邏輯，在內容上並不相同。我們不可因為別人叫它是邏輯，而與衍發於亞里士多德的邏輯混為一談。在軍隊裏叫『張得標』的不止一個，但是；甲營的張得標其人一定不是乙營的張得標其人，這是我們必須弄清楚的。」

「這樣一來，吳先生所說的邏輯，其範圍是不是太狹窄了？」周文璞問。

「如果將許多性質根本不同的東西都叫『邏輯』，恐怕太泛。如果十個人都叫『李得勝』，一個做裁縫，一個做木匠，一個做電燈匠，……功能各不相同。當着我們要木匠的時候怎麼辦？這多麼容易引起誤會。事實上，『邏輯』這個名詞，在歷史上曾用來表示知識論之一部分、形上學之一部分等等。可是，那是在過去，大家對於邏輯的性質和範圍還不明白所致。到了今天，邏輯的性質和範圍已經大明，我們是否還應該把過去歷史上的混同保留下來？現在邏輯的範圍包含：①語句聯繫論；②函量論，和③集合論。現

在有的人講①和②二者；有的人則除①和②以外，還講③。如果現代邏輯家公認邏輯①、②、③都須研究，在這一條件之下，如果有人只研究①和②而排斥③，那麼我們可以說他太狹。」老教授加重語氣說：「有而且只有在這一條件之下，我們才可說這個人將『邏輯』的範圍限制得太狹了。有而且只有在這一條件之下，說這人將邏輯的範圍限制得太狹了，這話才算沒有錯。如其不然，將歷來都叫邏輯的東西，依然納入邏輯一名之下，這也許是表示用名詞之自由，也許表示愛保留歷史習慣，但卻無視至少半個世紀以來邏輯之重大的進展。如果因不能將知識論之一部分、形上學之一部分，或印度因明學，叫做『邏輯』，而說是太狹，那麼這種太狹，就使學問謹嚴說，倒是很必要的。這樣的劃分和範圍之確定，在西方學校裏早已弄清楚了。」老教授慢慢抽着煙，凝視窗外的綠竹。

「今天，吳先生預備講甚麼題目呢？」王蘊理問。

「剛才又把話題岔開了。」吳先生沉思一會兒：「我已經與各位談邏輯談了這麼久，邏輯上的基本題材已經談了一些。……如果再談下去，而且要談純邏輯的話，那麼技術的成分就愈來愈多。到了那個地步，我們這種討論方式根本不適用，恐怕得換另外一個辦法。那種辦法，就得常常動手演算了。」

「邏輯裏有三大思想律，有的書在一開首時就說到的，吳先生為甚麼一直不提呢？」王蘊理問。

「啊喲！這個問題很重大。……你是不是看舊式教科書上這麼說的？」

「是的！吳先生的意思是不是說舊的東西不好？」

「不是，不是，」老教授連忙搖搖頭。「我並不是這個意思，我並不是無條件地說舊的東西不好。不過，邏輯與哲學的情形有些不同。哲學不一定是新的好，過去的大哲學家有許多哲學上的原創能力（Originality），我不相信現在有太多的人能夠超過柏拉圖、亞里士多德、休謨、康德的原創能力。哲學的原創觀念固然不免受到修正，可是並不怎麼急速，而技術性的東西則不然。技術之進步常較基本觀念之進步急速。現代的印刷術與從前初發明時比起來，不知高出多少倍，高速度的葛斯輪轉機每小時可印報二十萬份；現在小學生會算的算術，在古代要大數學家才能解決哩！邏輯亦然。邏輯的技術成分很多，因而，傳統教科書裏的許多說法，照現代邏輯的眼光看來，是說不通的。所謂三大思想律，尤須重新估量。……不過，這就與我們現在的討論不太相宜，因為，我還沒有將一些預備的知識告訴各位。」

「吳先生可不可以大致說說？」王蘊理問。

「好吧！既然提出了這個問題，我們就簡單討論一下。所謂三大思想律，它們的說法各別是：同一律（Law of Identity），是：A 是 A；矛盾律（Law of Contradiction），是：A 是 B 與 A 不是 B，二者不能同真；第三，排中律（Law

209

of Excluded Middle)，是：A 是 B 或 A 不是 B。

「先談三大思想律重要與否之問題。三大思想律，如果從知識論或形上學方面着眼，也許很重要，但這不在純邏輯範圍以內，所以我們不必討論。從純邏輯觀點來考慮這個問題，那就不能離開技術。從技術觀點說，三大思想之重要或不重要，乃是相對的。這也就是說，三者相對於某一系統構造而言，也許很重要，或將它們被置於始基語句（Primitive Sentences）之地位。相對於另一系統構造而言，三者也許毫不重要，不放在始基語句之地位。Whitehead 與 Russell 合著的 *Principia Mathematica*，公認為是亞里士多德的 *Organon* 以後邏輯上最重要的著作。它是邏輯從舊的階段發展到新的階段之一個里程碑，凡屬研究邏輯的人都須讀到這部書。在這部書所陳示的系統裏，所謂三大思想律根本不重要，沒有放在始基語句之地位，而只是作為三個被推論出來的語句而已。而且，就迄今為止，無論是 Hilbeit 和 Ackermann 的系統、Quine 的系統、Lewis 的系統，或許多波蘭邏輯家的系統，都沒有將三者作始基語句，所以三者在這些系統裏根本不重要。這原因很明顯，因為它們在記號結構上不夠豐富，因而缺乏衍生力量。

「三大思想律的陳示之本身，就有歧義。它們是關於事物的規律呢？還是關於語言層面（Linguistic Level）的規律？關於這一點，在邏輯傳統中，正如在對待關係中對於 A、E 的解釋一樣，本身就很不一致。

　　「如果三大思想律是關於事物的規律，那麼，簡直⋯⋯簡直一點意思也沒有。試問 A 是 A，關於事物說了些甚麼？我們因它而對於事物獲得了甚麼知識？『A 是 A』這話，樸素的（naïve）人似乎容易解釋為『一個東西是一個東西』、『人是人』、『小孩是小孩』、『毛蟲是毛蟲』。而這些例子中的『是』字，很容易被解釋作『肯定』。於是，『小孩是小孩』就解釋作『肯定小孩就是小孩』；『毛蟲是毛蟲』就解釋作『肯定毛蟲就是毛蟲』。『肯定毛蟲就是毛蟲』，予人的意象就是『肯定毛蟲不能變』，不能變成蝴蝶了。這樣一來，又往前引伸，於是說『傳統邏輯』是『靜的邏輯』，『靜的邏輯』不足以作為規範世界的發展法則，要能作為規範世界發展的法則必須有『動的邏輯』了。『動的邏輯』說『A 是 A 又不是 A』。這種說法，因為接近感官感覺，所以有些人信以為真。其實，這全是攪混之談。就語意學的觀點看來，這是文字魔術。這種魔術背後，有一種實際的目的，即暗示要人推動世界，要世界變。這個我們現在暫且不提。最有趣的是若干年來的魔術家，竟在學術的面貌之下，欺人至此，而居然有些人為之矇蔽，真是奇事！我們要知道，說『A 是 A』的邏輯家，自古至今，不知凡幾，如非大愚，寧不知事物時時變動之此一淺顯常識？如非白癡，彼等何至『肯定』毛蟲不變為『蝴蝶』？其所以說 A 是 A，一定有相當用意。不過因為古代邏輯家將形上學的觀念、知識論的觀念、語意學的觀念，以及純邏輯概念分不清楚；而且語

言的表達能力不如今人；語法（Syntax）、語意（Semantics）和語用（Pragmatics）三大語言因次（Dimensions）尚未辨析明白，以致關於『A 是 A』之解釋不一致。關於矛盾律與排中律亦然。最有趣的，同一律與排中律都是純邏輯的規律，許多人如此不容忍同一律，而對於排中律卻一字未提，是否排中律之『排中』大有利於暗示『鬥爭』？大有利於將人類社會作簡單之『二分法』？……哈哈！

「在『A 是 A』中，A 是變量，這一變量可代表任何名稱。『是』乃一繫詞，可是，它有好幾種意謂。而變量 A 的級距（Range）不定。所謂「級距」，就此處說是應用的範圍，因此，級距不定，意即應用的範圍不定。既然繫詞與變量有些毛病，於是整個『A 是 A』的意謂也就含混不清。

「同一律這樣簡單的語句，自然容易作種種不同的解釋，但是，它在邏輯範圍裏從語意方面解析起來，卻有一定的意義。同一律所表示的概念，是一個很簡單的概念，就常識看來，簡單到幾乎不值一提，可是，它又是一個必不可無的基本概念，所以，又非提不可。我們要精確表示同一概念，似乎只有求助於同義字。我們說〇和 Y 是同一的，等於說〇和 Y 是同一的東西。每一事物與其自己同一，而不與別的東西同一。雙生子，嚴格地說，只是相似，而不是同一，至少，他們佔不同一的空間，吃不同一個東西……，他們無論怎樣相似，總是兩個個體。正因同一概念這樣簡單，所以引起許多誤解。比較規矩而有思想的人會問，如

果任何事物與其自身同一，那麼同一概念瑣細不足道；如果我們說一個事物與別的東西同一，那麼便是假的。這麼一來，同一概念何用之有？同一概念如果無用，同一律又有何用？

「這種想法是不夠精細的。這種不夠精細的想法之所以發生，是由於以為只有上述兩種可能。在實際上，不止有這兩種可能，而是有三種可能的。這三種可能，我們可以舉例如下：」老教授又在黑板上寫着：

> ① 張江陵＝張江陵
> ② 張江陵＝張巡
> ③ 張江陵＝張居正

「第一種可能說『張江陵等於張江陵』。這種說法固然是真的，但是，這種真瑣細不足道，至少就日常用語說來，這種說法無味。第二種可能說『張江陵等於張巡』。這告訴我們一個錯誤的消息，所以，第二個可能為假，為假的語句是必須消去的。第三個可能說『張江陵等於張居正』。這句話告訴我們一個正確的消息。這個消息至少對於初唸歷史的學生而言，或者對於不知者而言，不能謂為毫無所說，因而，不能謂毫無價值。所以，第三可能可以表示同一概念，既不是瑣細不足道的，又不是錯誤的，而是既為真又有用的。是不是？

「第三種可能之所以確乎傳達了消息，因為它藉聯繫兩個不同的名詞而告訴了我們一種情形或事態。同時，這一消息又是真的，因為，這兩個名詞『張江陵』和『張居正』所指是同一對象。或者，換句話說，這兩個名詞是同一對象之不同的名稱，包含同一概念的語句，包含着兩個指謂同一事物的名詞。這兩個名詞必須不同。因不同，這個語句才有用。

「復次，我們必須弄清楚，我們在這個語句中說這些不同的名詞是同一的時，所說的並非名詞自身同 ，而是說相對於這些不同的名稱而言，如果所指係為同一的事物，那麼我們就說它們是同一的。例如，『張江陵』這個名稱之所指，與『張居正』這個名稱之所指，都是在明朝作過宰相，而且出生湖北江陵縣的那一個人。當然僅就名而言名，『張江陵』與『張居正』是兩個不同的名，因為『江陵』的筆畫與『居正』不同，『張江陵』與『張居正』永遠各佔不同的空間位置。我們說及一名之所指對象時，我們總是用適當的動詞或形容詞於此所指對象之名，但是，我們沒有理由希望我們對於此名所指對象之所說者，對於名此所指對象之名亦真。例如，我們可以說張居正為人嚴苛，但我們不能說『張居正』這個名字嚴苛，我們只能說『張居正』這個名字是由三個不同的字聯綴而成。然而；我們卻不能說張居正這個人是『由三個不同的字聯綴而成的』。這樣看來，形容一名的形容詞，不能用來形容一名所指對象；反之亦然。可是，

214

許多日常語言的混亂，尤其傳統哲學上的許多混亂，起於不明瞭這種分別，所以我們有特予指明之必要。

「如果人類的語言為世上事物之完備的摹寫，即每一物有而且只有一名，並且每一名指謂而且僅僅指謂一物，那麼包含同一概念的語句便是多餘的了，但是，這樣的語言，一定異於吾人今日所用的自然語言。而自然語言的用處，有一部分係由於不以『一物即有一名』的方法來描寫自然所生，同時，我們還知道，在一般情形之下，我們僅僅研究語言，不足以決定在一個陳述詞中的不同名詞是否同一；我們僅僅研究『張居正』和『張江陵』這兩個名詞，不足以決定二者之所指是否同一。我們要決定二者之所指是否同一，還得研究歷史事實。

「我們明白了上述道理，便可對於這個問題作進一步的討論。現代許多邏輯家認為同一律乃一語意原則（A Semantical Principle），這一原則告訴我們，在一所設意義系絡（Context）之中，同一個文字或符號在這一場合以內的各個不同之點出現，必須有一固定的意謂或指涉（Referent），這是語言的意謂條件。沒有這個條件，語言不過是一堆聲音，或亂雜無章的記號而已，因此也就毫無意謂可言。無意謂可言的語文，不能令人瞭解，也就不能成為交通意念的工具。

「我記得我從前曾寫過五個『人』字，我說這五個『人』字是一個『人』字的一個記號設計的五個記號出現。這五個

記號之所以同為一個記號設計的記號出現，因為它們雖然有五個，而只有一個意謂。這也就是說，這五個記號出現只有一個記號設計，而這一個記號設計，只有一個固定的指涉，因而，這五個記號出現也有而且只有一個固定的指涉。一切語言文字或符號的用法，必須謹守這一原則，否則，便會發生歧義或多義。這樣的語言，如果不是為了有意胡扯，便是用此語言者訓練不夠；不是訓練不夠，便是本來就為了使語言產生豐富的意象，使人去猜，去得詩意。『如如』便是這種語言之一例，就物理形式看來，兩個『如』字同屬一個物理形式，是一個記號設計，可是，兩個如字的指涉各不相同。頭一個『如』字的意謂不等於第二個『如』字的意謂。『如如』翻譯起來，像是世界是如其實的樣子。『The world is everything that is the case(借用 Wittgenstein 語)』，『道可道非常道』中之『道』也是如此。

「同一律只要求用語言者，他所用的一個文字記號，在同一場合以內，如果出現 n 次，必須始終保持一個指涉。這完全是說話用字方面的問題，與事物本身之變或不變，世界之動或靜，根本毫不相干。這些問題無論重要或不重要，都是屬於形上學的問題。即使是形上學，如要人懂，也必須遵守用語言文字的這種起碼條件。一個人如果由少變老了，那麼你就說他是老了好了。這樣自由命名命句，沒有邏輯來限制你的。所謂『A 是 A 又不是 A』這是說夾雜話，用同一個語言文字或記號來名謂同一事物之不同的發展或形

態。人在少時就說他是少年，到了老年就說他是老年而不說他是少年好了。你總不能說少年是少年又不是少年。無論年齡中有何『內在法則』，如果你願意用語言來描述它，而且你又不願意自愚而愚人，那麼你總得條分縷析，是甲就還它個甲，是乙就還它個乙。無論怎樣變，你的形容詞或命名當然也可以跟着不同。你總不能不說少年是少年，中年是中年，老年是老年，而這三者都是『A 是 A』之不同的三個例子，可見同一律沒有在任何時候否認變之可能。當然，它也沒有承認變之可能，因為承認變之可能或否認變之可能，這是形上學份內之事，與邏輯無涉。如果像『A 是 A 又不是 A』這樣的話可以說，那麼勢必使語言失效。例如，我們說『柏拉圖是個人又不是個人』。這話多彆扭。」

「是，我就覺得這種說法怪彆扭的。」王蘊理說。

「我們常常聽到人說，一個東西的『本質』改變了時，我們怎麼還可以說它與它自身同一呢？比如說，我的身體，經過了相當的時候就變了，怎麼能夠說是同一的身體呢？讀哲學史的人知道，這個問題自赫拉克利圖斯 Heraclitus 即已有之。他說，『你不能把你的腳浸入同一的河水中兩次，因為，當你第二次把腳浸入河中時，河中的水已是不同的水了。』中國古人也說，『逝者如斯，不捨晝夜』。的確，這是一個比較困難的問題。我們要解決這個問題，其關鍵並不在同一概念，而在事物與時間概念。物理的事物，無論是人體也好，河川也好，在任何時間，是散在空間的原子同一

時瞬狀態之和，或其他散在空間的細小事物之和。正如事物在一個時候是這些散在空間的細小事物之和，我們也可以把在繼續存在一個時期的東西想作是許多在時間存在的細小事物之和。這些細小事物是繼續存在的事物之連接的瞬間狀態。我們如把這些概念聯繫起來，我們就可以把在空間擴延的東西與在時間擴延的東西看成一樣的東西。這一事物乃微粒的瞬間狀態之和。或者，簡單地說，它是微粒瞬間（Particle-moments）。它在一段時間裏延伸，正如其在空間延伸一樣。這種說法可用之於河川、人身，也可用之於金鋼鑽。當然，金鋼鑽變得慢，人身較快，河川更快而已。不過，在理論上，並無不同之處，河川與人身一樣，包含微粒之瞬間狀態。

「這樣看來，可知每一事物等於其自己。既然如此，我們當然可以將腳浸入河中二次。我們將腳浸入河中二次時，儘管每一次的水不同，可是河還是那一條河。當我們在一分鐘之前將腳浸入嘉陵江時，一分鐘以後再浸入，還是可以說浸入嘉陵江。儘管水分子已不相同，但並不妨害我們名之曰嘉陵江。是不是？我們所不能做的，只是在急流中，於前一分鐘浸入一堆水分子，在後一分鐘浸入同一堆水分子而已。一名所指的整個事物之若干變化，並不足以攪亂所名整個事物與其自身之同一，因而不能使其原名失效。假若變到需要另用一名以名之時，吾人當可用另一名以名之。這樣看來，名是跟着所指而換的。嚴格言之，事物有

『變化』，名則無所謂變化，名只有『更換』。我們因事物之變化而更換名詞，好像因早晚之不同而更換衣服。衣服沒有生命無所謂變化。」

「矛盾律怎麼講呢？」周文璞問。

「矛盾律與事物的矛盾更不相干。事物只有相反，根本沒有所謂邏輯矛盾。邏輯對於經驗事物既不肯定又不否定，那麼經驗事物何邏輯矛盾之有？邏輯矛盾必須滿足二個條件：第一，X 與 Y 共同窮盡；第二，X 與 Y 互相排斥。共同窮盡和互相排斥的意義，我們在許久以前談過了，現在不贅述。依這二個條件來說，事物界沒有同時滿足這二個條件的，所以事物界沒有邏輯矛盾可言。事物界充其量只有相反如生與死、善與惡……。

「從包含一個語句演算的原理中推論不出 A 與 ~A 二者。此處『~』代表『不是』。或者說，從一個包含一組公設的邏輯原理中，得不到 A 與 ~A 二者。這便是矛盾律。顯然得很，這個規律與語意無關，而是一個語法原則（Syntactical Principle）。淺顯地說，矛盾律告訴我們，我們不可承認兩個互相矛盾的表示（expressions），即 A 與 ~A 二者，可以同真。既言『表示』，則矛盾律所涉者當然是『語法』規律，而不是事物規律了。關於這種分別，我們在弄邏輯時，必須隨時隨地弄清楚，以免混亂。

「最後，我們所要討論的是排中律。所謂『排中律』並不排事物之中。排中律不是事物律，因而不排斥事物有中

間的情形。在一系列事物之中，它並不是說只有陰與陽，而沒有中性，⋯⋯排中律也可以看作一語意原則。它說，指與所指之間，必須有所指定。一個文字或符號，要麼指謂 X，要麼不指謂，不可以既指謂又不指謂的。排中律是從另一方面來固定指涉的，或者說它是固定指涉之另一方式。不過，數學家波威爾 Brouwer 一派的人，叫做『直觀派』，他們不贊成排中律。可是，這又走到一個很專門的範圍裏，我現在不討論。

「從以上所說的看來，三大思想律並非思想律。三者為何不是思想律？這個理由可以從我們在從前所說邏輯何以不是思想之學的理由推論出來。這三大律是語意或語法之最低限度的必須條件，違反了這些條件，就無語言意謂可言，或得出互相矛盾的結論。各位懂了吧！」老教授又不斷抽着煙、沉思着。

第十五次　語意界說

「我們今天不妨把界說和分類談談。」吳先生照例坐在他慣坐的那張椅子上。椅子臨窗，窗外長滿了薥蘿，紅色的小薥蘿花正在盛開。吳先生抽着煙，神色沉靜：「在許多科學書上，一開頭常常有一個界說 (Definition)。這種界說的作用，在告訴讀者某門科學是研究甚麼的。在訂立條約或開談判的時候，雙方常常對於名詞定立界說，以求字義清楚，而不致發生多樣的解釋。在一般情形之下，我們討論一個問題時，彼此雖然使用同一的名詞，可是還常有格格不入的情形，之所以如此，從語言方面着想，是由於同一名詞的意義不同。碰到這種情形，我們就得很機警，中止主題討論，對於所用名詞重定界說，這樣，即使各人意見不同，也可以弄清楚不同之點究竟何在。於是，至低限度，也可以減少一些不必要的口頭糾紛，可見界說是語言文字的實際運用中實際不可少的程序。

　　「所謂界說是甚麼呢？當着我們表示某一新介紹進來的名詞的意義就是某某原有名詞的意義；或者，我們表示某一新介紹進來的符號等於原有符號，這種程序，就是界說。

例如說：『生物學是研究生命現象的科學。』這是一個界說。在這個界說中，有兩個名詞，即『生物學』和『研究生命現象的科學』。後一個名詞是介紹前一個名詞之意義的。生物學家之所以替『生物學』定立這個界說，是怕一般人不瞭解『生物學』是甚麼意謂。他假定『研究生命現象的科學』這一名詞為大家所瞭解，於是拿大家所瞭解的這個名詞來界定（define）『生物學』這個名詞。許多界說都是這樣建立起來的。

「邏輯不研究一個一個特殊的界說，邏輯只研究界說的型式結構或其型式的性質。各門科學各有其界說，這些不同的界說各有不同的內容；物理學的界說之內容與地質學的界說之內容就不相同。雖然，這些界說各有不同的內容，但是，在這些界說成其為界說時，必須有共同的型式結構或型式性質。這些界說所共同具有的型式結構或型式性質，便是邏輯所要研究的。在邏輯將界說的型式結構或型式性質加以研究或精鍊以後，界說的標準條件就可以顯露。我們憑此標準條件，可以知道某一界說是否合格。從型式結構方面來看，無論那一個界說都是一樣的，這可以型式地表示出來。」吳先生在黑板上端端正正寫着：

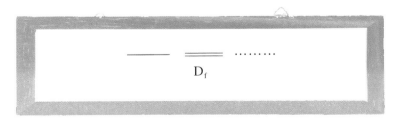

「黑板上寫的，是界說的普遍型式。」老教授一邊說一邊寫着：

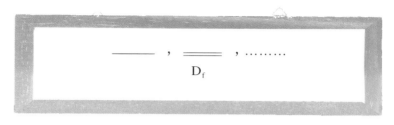

在左邊的『——』表示可以填入的名詞或符號，是 definiendum，既被界定端。在右邊的『……』表示可以填入的名詞或符號是 definiens，即界定端。『 $\overline{\overline{D_f}}$ 』表示填入——和……兩邊的名詞或符號在界說上相等。

「請二位留心！」老教授很習慣地提高聲音：「我是說兩邊文字或符號在界說上相等。『在界說上相等』這個條件很重要。我再舉個例，大家就可以更明瞭些。」

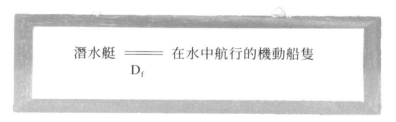

「這個界說表示『潛水艇』在界說上等於『在水中航行的機動船隻』。在這裏，我們應該留心，界說所介紹的，只是兩個名詞或符號，而不是事物本身。在這個例子中，藉界說介紹的，是『潛水艇』這個名詞和『在水中航行的機動船隻』這個名詞。界說所涉及的只是名詞與名詞之間的關係，或符號與符號之間的關係。我們在這個例中說，『潛水

艇』這個名詞與『在水中航行的機動船隻』這個名詞的意謂相等。我們所界定的是二個名詞，而不是潛水艇與水中航行的機動船隻之本身，因為，二者所指本係一物。一物可有二名，因而二名不必是二物。於是，我們顯然可知，所界定者是事物的名詞而不是事物的本身。這也就是說，『潛水艇』與『在水中航行的機動船隻』這二個名詞所指是一實物潛在水中之艇，我們對它說了二個名詞，它還是一個東西。可見我們界定的是名詞，而不是潛水艇這實物。我們可以建造一艘潛水艇，也可以擊沉它，但不能『界定』其本身……。』」

「您在以上所說的是界說的普遍邏輯型式，除此以外，關於界說還有其他可以告訴我們的沒有？」周文璞問。

「哦！可談的多得很哩！詳細討論起來，簡直可以著一本書。例如，牛津大學的羅賓森（R.Robinson），即以 "Definition" 為題，寫了一本書，足足有二百零七頁之多。我們不談界說的歷史，僅僅就事實而論，界說就有十九種之多。不過，這許多不同的界說，多係在學術之特定的範圍裏因應特定的需要而定立的。我們在此沒有一一加以討論之必要。……其實，在基本上，界說可分三種。」

「那三種呢？」周文璞又問。

「第一種，是語法界說 (Syntactical Definition); 通常叫做『名目界說』(Nominal Definition)。這種界說定立之目的，純粹在介紹新名詞，尤其是新記號，而不涉及意義。例

如，」他拿起粉筆來畫着：

$$n\,! \;=\; 1 \times 2 \times 3 \,\cdots\cdots (n-1) \times n$$
$$D_f$$

「第二種是語意界說（Semantical Definition）。在這種界說中，界定端陳示被界定端的意義。例如，『邏輯是必然有效的推論之科學』。

「第三種，是通常所謂實質界說（Real Definition）。在實質界說中，界定端陳示被界定端所表示的『實質』。例如，『怯儒是藉行較小的惡，以避免較大可怖事物』。

「但是，嚴格說來，」老教授眉頭閃動，露出一股嚴肅的光芒：「所謂『實質』為何，其意義就很不易確定，因此，界定端的意義常不易確定。界定端的意義既常不易確定，於是，整個『實質界說』的意義也就常不易確定。在科學上，以及至少在人的通常語言中，實質界說常不能達到界說的實際作用，因而，科學家及日常生活中很少用到這種界說。似乎，只有哲學上的『本質論者』（Essentialists）對之發生興趣。這種興趣既然主要地是某派哲學上的興趣，對於我們現在的目標毫不相干，所以我們沒有討論它之必要。於是，所剩下來的只有第一與第二兩種界說。第一種界說，在數學中或純形式的演算中常常用到，但是數學與純形式的演算二者俱非我們現在研究的主題。我們現在所要着重的，

是剩下來的第二種界說。

「第二種界說是語意界說。我們在語言中最常接觸的是語意界說。在此，我們首先須弄清楚的是定立語意界說的幾種主要理由：

「第一，我們之所以定立語意界說，最顯而易見的理由，是移除歧義。歧義既然移除了，當然可以移除因此歧義所引起的種種混亂語言及思想。在我們與別人進行討論時，如果我們從別人的反應中察出他對於我們所說的字義有所誤解，我們就須立即停止下來向他解釋，我們所說的某名字的意義，不是你藉此字而聯想起來的那個意義，而是甚麼甚麼意義，這種辦法就是在下界說。我們把界說下好以後，再往前進，討論也許比較順利。如果不此之圖，我們不顧對方是否真正弄清我們的意義，只顧自己像開留聲機一樣，往前開下去，那麼這樣的討論，很少有好結果的。這……這有點像女孩子織毛繩花，如果繩頭糾結起來，她應該馬上解開，再織。如其不然，她心粗或怕麻煩，只顧自己織下去。你想，她的毛繩衣會織成甚麼樣兒？」

「有一次，我聽到兩個人辯論。這個辯論係因討論鈔票問題而引起的。他們辯論的主要進行方式是這樣的：」

某甲：「我討厭鈔票，很髒。」

某乙：「那裏！新印的鈔票不髒。」

某甲：「雖然是新印的，其髒與舊何異？」

某乙：「新的和舊的一樣髒，這怎麼說得通呢？」

「這兩個人就這樣辯論下去。我們看這樣的辯論怎會有結果呢？只要稍肯用用頭腦，我們立刻會發現，兩人意見之所以相左，在語言方面，至少是由於用字不同所引起的。兩人雖然同是用的一個『髒』字，但甲之所謂『髒』與乙之所謂『髒』，意義各不相同：甲之所謂『髒』意指『金錢萬惡』這一類的價值判斷，乙之所謂『髒』意指『衣服污穢』這一類的事實判斷，既然如此，所以儘管兩人都用同一字，其實是各說各的，沒有碰頭，這樣的辯論毫無意思。如果甲、乙二人之中，有一稍有思想訓練，立即察覺二人之所以話不投機，係因同用一字而意義不同之故，他們立刻停止下來，整理語言工具，各人把所用『髒』字之意義弄清楚，那麼，這場辯論就不致弄得如此之糟了。……」老教授抽口煙，沉吟着：「……我在這裏所舉的例子，只是最簡單的情形，碰到複雜的情形，例如哲學的討論，結果一定更嚴重，所以我們更需要語意界說來幫忙。

「第二，調節意義範圍。在我們用名詞時，如果原有用法或意義太狹或太寬，我們必得藉語意界說來重新調節一下，在學術範圍中常需如此。例如，『哲學』一詞，用久了以致太寬泛，很需要把它的意義弄窄一點；窄一點，就嚴格些。又例如，『民主』一詞，許多人認為只指一種政治制度，這種意義似乎太狹，我們可以把它加寬：意指一種態度，或一種生活方式而言。常識中的『能力』，和『熱』這些字眼富於意像和美感，不合科學之用，物理學家使用之時，

必須重新加以界定。如未重新界定，則物理學的『能力』概念根本不能顯出。在心理學的研究中，『智能』、『羞惡』、『本能』諸字眼，尤須重新界定，方合科學之中。其他這類對字眼鬆緊的例子很多，只要我們留心，便不難碰到。

「第三，增進新意義。新事物出現而有新名詞時，我們也得藉語意界說來規定該名詞之新意義。或者說，當原有名詞不足以表達一新經驗時，我們便需新立一語意界說。例如『熵』，物理學家就替它下了界說。『航空母艦是作為航空基地的艦隻』這個界說，在第一次世界大戰以前是沒有。

「第四，保證推理之一致。科學不僅需要一致採用的名詞，而且需要從此名詞出發所作之推理為大家公認。只有從無有歧義的和精確的名詞出發，我們才可作無誤的推理。許多思想上的錯誤，係由推理錯誤所致；而推理之錯誤，在起點上，一部分係名詞的意義不一致。

「第五，簡縮語言。簡縮語言可收語言經濟之效，這主要係語法界說的任務。不過，從語意着想，簡縮了語言後，不僅可收語言經濟之效，而且可以使人易於把握一個中心意義，因而增加瞭解。在十幾年前，假若我們文氣滿口地對一般老百姓說：『我們此時正在對日本軍國主義者之侵略從事抵抗戰爭。』他們一定很難把握住一個中心意義。如果我們簡單地說：『我們現在正在抗戰。』他們便可立刻明瞭是怎麼回事。在這裏，隱含着一個界說：我們是拿『抗戰』

二字來界定『對日本軍國主義者之侵略從事抵抗戰爭』這一長串。……定立語意界說的理由，主要的有剛才所說的五條。」老教授把身子靠在椅背上。

「吳先生，界說有方法嗎？」王蘊理問。

「嚴格地說，定立語意界說之普遍的程序是沒有的，不過，在事實上，邏輯家或科學家常常從許多門道來定立。為了給大家一個引導起見，我們可以將那些門道清理出幾條來。

「第一，拿同義詞來界定的。在傳統邏輯教科書中有一條規律，規定界定端中不能包含與被界定端同義的名詞。有一位做老文章的人，搖搖筆桿寫道：『夫軍閥者，軍中之閥也。』這樣的界說，顯然沒有達到目的。不過，此條傳統規律之所指，並不能排斥同義詞之可作界定端，至少，基於一種需要而言，我們可以拿同義名詞來界定任何名詞。例如，假若有人不懂何謂『閉戶』，我們可以告訴他即『關門』。同樣，『犬』即『狗』、『豕』即『豬』。我們拿大家已經熟悉的同義詞來界定有人尚未熟悉的名詞，使他因這一同義詞比較接近自己的經驗，而能瞭解尚未熟悉的名詞。這樣一來，語意界說的目標便算達到。

「第二，解析法。我們可藉解析方法來釐清名詞之意義有時，我們瞭解一個成語，但並不瞭解某一名詞，於是我們可藉此成語來界定它。例如，如有人不解『哲學』一詞的意義，傳統哲學家會告訴他：『哲學者，愛智之學也。』亞里

士多德藉着種 (Genus)，屬（Species），別 (differentia) 來行界定。這種方法，當用於名詞而不用於事物時，也是解析方法。例如，『人是能用工具的動物』。……當然，解析方法只能用來界定普遍名詞或抽象名詞；而不能用來界定特殊名詞。如『羅米歐』、『朱麗葉』、『嫦娥』，都是不能用這種方法界定的。

「第三，綜合法。我們藉此法把所要界定的名詞置於一個關係系統中的某一地位，與其他名詞綜合起來，以界定之。例如，我們說『紅』，即『正常的人，當其眼受波長 7,000–6,500Å 刺激時所生之顏色』，便是這種界說。綜合方法乃指出所要界定的名詞與某些已知名詞有何關係的一種界說方法。在幾何學中，我們把『圓』界定作『一條封閉曲線上任何點與其內一定點之距離相等之圖形』。這種界說方法，即是綜合方法。

「第四，指明法。一般說來，名詞有外範與內涵。外範即此名詞可應用之範圍或明涉之分子。如有人對某名詞不瞭解時，我們可將此名詞所應用之範圍中的分子展示，那麼他就可以瞭解。如有人不瞭解何謂『鳥』，吾人可以說，『鳥』是鵝、雞、鴉、鴨……；如有人不瞭解『洋』，我們可以告訴他：『洋』者，太平洋、大西洋、印度洋、南冰洋、北冰洋。

「現在，我們已經把語意界說的幾種程序說過了，當然，我們還得會用，會用才能精。」老教授深深抽了一口煙。

「吳先生，界說有甚麼必須遵行的規律沒有？」王蘊

理問。

「傳統邏輯中是有的。新式的邏輯書中反而不大談到。」

「為甚麼呢？」王蘊理又問。

「我想……」老教授慢吞吞地說：「有兩個理由：最顯而易見的理由是那些規律，時至今日，經不起批評的解析，已經不大站得住了。其次，最實在的理由，……照我看……界說之見諸形式，固然是有普遍的結構，可是，界說之創建，與其說是一科學，不如說是頗有藝術成分。既有藝術成分，就不太容易定些規律來限制它。傳統邏輯中的界說規律之有逐漸被淘汰的趨勢，我看……這是一個最大的理由。傳統邏輯中界說規律的對象是所謂『實質』界說和種屬界說，而近年以來，特別自數學中種種界說發展以來，界說的種類遠遠出乎『實質』界說和種屬界說範圍以外，因此，舊日的規律自然不適用於他們了。」

「那麼，界說是不是可以隨便定立，不依任何限制而行呢？」王蘊理又問。

「這也不然。定立界說雖然沒有嚴格的規律可資遵守，但是，邏輯家和科學家在實際定立界說的工作中，經驗到怎樣定立的界說才有用，怎樣定立的界說便不合用。日子久了，經驗多了，在大體上，他們可以摸出一些避免失敗的門路。依據他們的經驗，嚴格的界說規律固不可得，但是依據他們的經驗而給我們以種種規戒，總是辦得到的。」

「那些規戒呢？」周文璞問。

「1. 在不必要時，不要定立界說。這也就是說，在不必要時，或未感到不便時，不要改變大家已經接受的界說。我們必須知道，新的界說，係不得已而用之。界說用之過多，破壞約定俗成，使用者腦力負擔過多，因而引起不便——不易交通意念。

「2. 除非我們有充分的理由證明原有的名詞太繁重，否則不用界說。每一事物可用語句來表達，但是我們必須知道，並非每個事物都已有名稱，因而只要原有語句夠用，不必另造新名。

「3. 如果無一名以名人所須名之事物，則立界說以名之。可是，在定立界說之前，最好弄清楚所要定立的界說，是否在某一專門學問範圍以內。如是，最好請教該門專家，切勿自作聰明。嘗見有弄玄學的人撇開已有的物理知識，自訂物理學名詞的界說，這樣，恐怕難免貽笑大方。

「4. 不可以一名而界定兩次。這一條容易說而不容易完全做到。有時，有學問的人亦不免於此病。例如，正如羅賓森所指出的，Cohen 和 Nagel 把邏輯上的『獨立』界定成兩個意義：(1) 設有二個命辭，任一不蘊涵另一之真，則二者獨立；(2) 設有二個命辭，如任一之真或假不蘊涵另一之真或假，則此二個命辭獨立。第一個獨立的意義是在討論公設時用的；第二個『獨立』是討論任何一對命辭的蘊涵之各種不同的可能情形時用的。在專門知識的範圍裏，這類情形不少，所以尤其要當心。

「5. 不可把界說當作一項迴避。有時，我們碰到難解的抽象名詞，並不確知其義，而隨便用了。或者，我們對於某問題，講到半途，有人發現我們所講的不通，於是我們就從所用的名詞上找出路，歪曲原來所取的意義。如果這種辦法係出諸有意，西方人叫做不夠 sincere，不真誠。這是很嚴重的事。西方學人對於學術上的 Sincerity，真誠性，非常重視的。

「6. 界定端必須與被界定端切合。這也就是說，界定端的範圍必須與被界定端的範圍大小相等。希臘古代柏拉圖派的學者將『人』界定為『沒有羽毛的兩足動物』。相傳阿基斯頑皮得很，捉了一隻初孵出來還沒有長羽毛的小雞，問這是不是人。顯然得很，將『人』界定為『沒有羽毛的兩足動物』，這個界說的毛病就是界定端的範圍太寬。可是，如果我們將『人』界定為『識字的動物』。這個界說又失之範圍太狹，因為還有許多人不識字，初生下來的嬰兒也不識字。在前例『生物學是研究生命現象的科學』中，界定端『研究生命現象的科學』的範圍與被界定端『生物學』的範圍之大小才是相等的。所以，這個界說可用。

「7. 界說在能用肯定語氣時，不可用否定語氣。假若我們將『男人』界定為『不是女人的人』，這個界說沒有達到目的。

「8. 界定端不可用意謂曖昧的表詞，而必須用意謂明白的表詞。這一條是很顯然易見的。我們之所以要定立界說，

常常起於名詞的意謂不明。一旦名詞的意謂不明，我們需要以意謂明白的表詞來界定它，使人由未明瞭而明瞭。既然如此，界定端必須用明白的表詞。如其不然，界定端的意謂何在，都不明白，那麼便是以其糊塗還其糊塗。這樣一來，界說的目的便沒有達到。

「9. 界說不可循環。這就是說，被界定端不可出現於界定端，如果出現，界說的目的也未達到。如果我們說，『人者何？曰：人者人也。』說了半天，我們對於人的意謂還是一無瞭解，這樣的界說是無用的。所以，在一般情形之下，被界定端不可出現於界定端。」

「不過，」吳先生加重語氣說：「這種限制，也只是就一般情形而言的。就特殊的目的而言，就不適用了。聯廻界說（Recursive definition）的界定端就出現於界定端。關於這一點，我們不預備在此討論。」

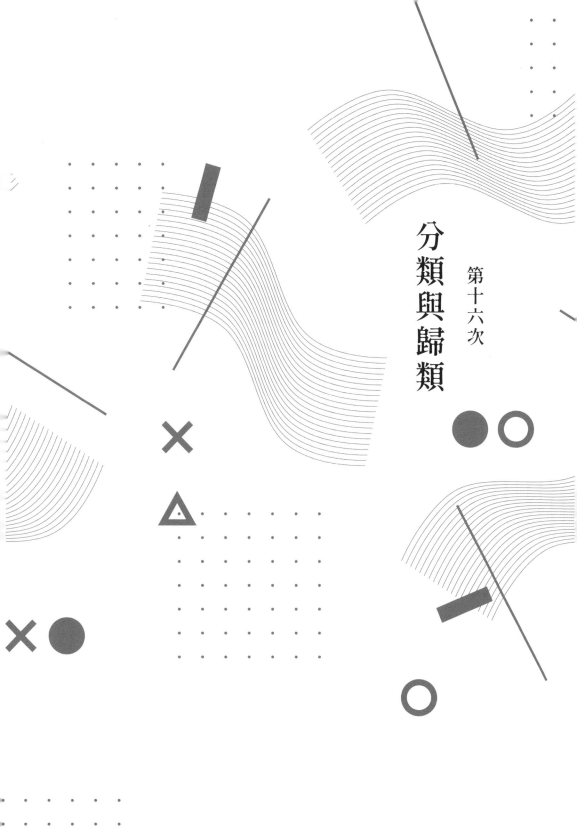

分類與歸類

第十六次

「我們上一次談的語意界說。接着語意界說，我們所應須討論的是分類與歸類。談到這裏，我們已經接近邏輯的應用之邊沿了。

「科學，正如人的一切其他知識一樣，是從感覺經驗開始的。但是我們的感覺經驗如此紛歧繁複。我們要把紛繁的事物加以處理，必須從事分類和歸類。可是，時間愈過愈久，我們的活動愈不受實際需要所限制，而從無關利害的知識活動方面發展。這種發展，與從量地皮之實用術進步到超乎實用的幾何一樣的：這樣一來，我們對於事物之分類與歸類，愈來愈客觀，愈來愈以事物的特徵為標準，而不以人的需要、興趣為標準。到了這一階段，分類和歸類都應用着概念和邏輯方法。

「我們現在要先談分類（Classification）。我們將一個類分為次類（Sub-class），這種程序，叫做『分類』。分類在我們日常生活裏時時用到。街頭賣香煙的攤販知道將牌子相同的煙擺在一起；圖書編目便是分類的實際應用；中國人編家譜也應用分類；生物學家將生物分作界、門、綱、

目、科……。生物學中的分類學是一個重要的學科,不過這些情形是分類的應用,而不是分類的原理原則。如果只注意分類的應用而不注意分類的原理原則,遇到被分的對象太複雜時,分類就難免陷於混亂或錯誤。邏輯不研究分類的應用,而只研究分類的原理、原則。

「圖書館裏的書,往往被分做哲學、文學、歷史和科學等等。而科學之下,又分做數學、物理學、化學等等。物理學之下,又分做光學、聲學、電學、力學等等。這種分類,用圖解表示出來,容易清楚。」吳先生在小黑板上畫着:

「在這個圖解中,『書』是總類,算最高層次;『哲學』、『文學』、『科學』等算第二層次;『科學』之下的數學、物理學等,算是第三層次;這樣一直下去。顯然得很,每一層次是秩序井然,有條不紊的。

「不過我剛才所列舉的,是一個特例,即分類應用於圖書編目之一特例。我們剛才說過,邏輯不研究這類特

例，而只研究分類的普遍原理原則，這普遍原理原則是可應用於一切分類特例的原理原則。既然如此，分類的構架 (Scheme) 是抽離 (abstract) 的。我現在再進一步地將分類的普遍構架用圖解表示出來。

「X 表示最高類，X 之下分作 XI 和—XI 二類。『—』意即『非 (non)』。—XI 是 XI 之補類 (Complementary Class)。『白鶴』是一類，『非白鶴』是白鶴之補類。XI 類之下又分作 XIa 和—XI a 二類。這類一直下去，以至於無可再分或不必再分之類。X 自成一層次。此外，每一類及其補類構成一個層次，這種分類是二分法 (Dichotomy)。二分法曾被當作是分類中最基本的程序，其他分類是二分法之複雜化。」

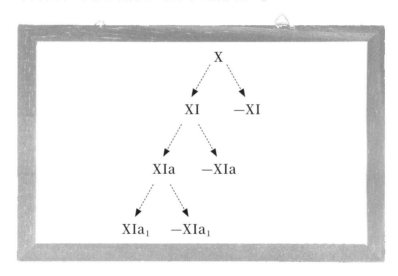

「吳先生，分類有規律可循嗎？」王蘊理問。

「有的。從圖解中我們可以知道，分類必須分別層次。首先從最高層次開始，其次到第二層次，再次到第三層次，

一直下去。我們必須明白，分類之起點與終點都是相對的。在分類時，我們需要從被分對象的那一層次開始就從那一屬次開始，我們需要止於那一層次就止於那一層次；我們所要開始分類的那一層次就是我們分類系統中最高的層次，我們所要停止的那一層次就是我們分類系統中最低的層次。就前例來說，如果我們藏書室中只有科學書而沒有別的書，我們分類只需從科學開始，因而我們的分類之最高層次就是科學書；如果我們收藏的科學書分門別類很多，很專門，那麼我們分類可以一直分下去，以至窮盡我們所收藏的範圍最窄的那一層次。否則，如果我們所收藏的科學書，不過普通的數學、物理學、化學等等而已，那麼我們分到這裏為止就夠了。

「雖然分類的起點與終點是不同的，可是，在分類之中，各類的層次必須清楚而不相混，這一原則是絕對必須遵守的。即是，同一層次的事物，在分類中必須與同一層次的事物並列，否則，便是分類紊亂。紊亂的分類，是不適用的。假若把書像這樣分類的話。

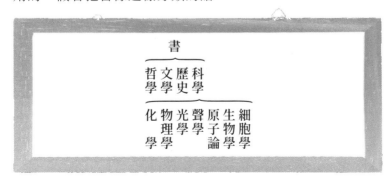

「那麼這個分類是層次紊亂的。因為，光學、聲學等等物理學中的部門，應該在物理學底下，而不當與物理學平列地放在同一層次之上；同樣，把細胞學與生物學並列，也是層次混亂。這樣的分類，有時是由於知識不夠，有時也是由於頭腦欠清楚。

「所分之類必須互不相容，如果動物之類不包含植物之類，而且植物之類不包含動物之類，那麼我們將生物分作動物與植物，這樣的分類所分出之類才是互不相容的。所分之類互不相容，分類之目的才達到。如果不然，分出之類不是互不相容而是相容的，那麼後果可能很嚴重。在醫院中，外用藥和內服藥如果擺混了，說不定會毒死人的。如果我們將『物』分作『生物』與『動物』，結果等於沒有分類，因為 X 是生物時，也可能是動物。在剛才所列的圖式中，XI 與—XI 是互不相容的，這是一種標準情形。

「依此，我們可以進一步推知，每次分類，必須依照一個原則進行，即是必須採取一個單獨的分類標準。例如，我們要對人行分類，可依其膚色來分；如果高興的話，也不妨依其高矮來分。但是，無論如何，每行分一次分類，在同一層次之上，只可採取一個標準，如果採取二個以上的標準，那麼便形成跨越分類（Cross Division）。跨越分類，為科學研究工作上之大忌。我們對人行分類時，如果既依膚色分類，又同時依高矮分類，那麼便分出『長白種人』、『矮白種人』、『長黑種人』、『矮黑種人』等等。這真妙不可言！」

「哈哈！」周文璞大笑起來。

「這真弄得很亂。」王蘊理說。

「分類所設的標準之數目必須足以窮盡所分對象，如果不能窮盡，那麼便會有遺漏。例如，我們作圖書館編目員，館裏的哲學書有西洋、印度和中國的哲學，如果我只把這些書分作二類，那麼第三類一定無法編進，這樣，人家要找第三類的書就很不方便。在生物學中，如果發現新種，原有的分類標準不足以涵蓋它，於是需要創一新格來涵蓋它，這就是為了滿足分類必須窮盡之要求。

「為着進一步瞭解分類在科學上的應用，我們不妨再作說明。假定有十個單獨的例子，他們可以選來作比較的性質有五種。茲以大楷 A、B、C、D、E 各別地表示這五種性質；以小楷 a、b、c、d、e 各別地表示沒有這五種性質。我們先以 A 作為重要的性質據之以分類，其餘的性質是這一分類中所表示的性質：

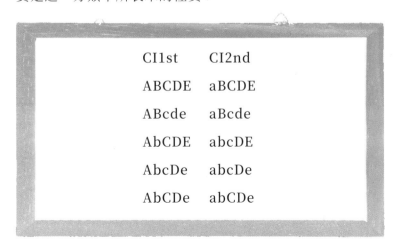

CI1st　　CI2nd

ABCDE　　aBCDE

ABcde　　aBcde

AbCDE　　abcDE

AbcDe　　abcDe

AbCDe　　abCDe

「我們觀察這個圖表，可知第一類中有 A，第二類中無 A。在這兩類之中，除了第一類有 A，第二類無 A 以外，再沒有其他不同之點。這樣看來，如果我們認為 A 是重要的性質，拿這個質作為分類的標準，那麼不能表示出其他同時俱存的性質，所以這個分類沒有用。

「如果我們再以 C 為重要的性質作為分類標準，那麼其餘性質可以在這個圖表中看出。」老教授又一個字一個地寫着：

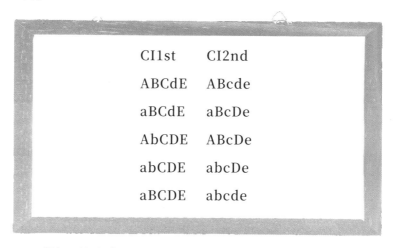

CI1st　　CI2nd

ABCdE　　ABcde

aBCdE　　aBcDe

AbCDE　　ABcDe

abCDE　　abcDe

aBCDE　　abcde

「請二位注意，在這個表中，我們可以看出：凡有 C 的例子都有 E，凡無 C 的例子都無 E。C 與 E 是同存的性質，而且都是積極的。除此以外，A、B、D 或有或無，可都是偶然的性質。偶然的性質，與分類的進行不相干，所以第二種分類比第一種有用。例如，如果動物學家以顏色與形體作動物分類的標準，那麼難免把鯨與其他的魚放在一類去分；把蝙蝠與燕都視作鳥類，這樣一來，一定笑料百出。

因為，顏色與形體，在決定動物之類別上，為全不相干的因素，這樣分類，勢必弄得亂七八糟。可是，如果動物學家以脊椎為重要的因素，分動物為二大類：一為有脊椎類，一為無脊椎類。這麼一來，便可表出其他同存的因素。例如，凡有脊椎者皆有齒或喙，凡無脊椎者就沒有；凡有脊椎者都有神經總管在背脊上，都有可漲縮的循環機關在腹下，凡無脊椎的動物神經和循環系的組織都不同。至於肉食、素食、步行、游行、飛行、顏色、大小，都不相干。

「……再舉一個例子吧！假若我們要選舉國會議員。選舉時，我們是有意無意在思想中把人作了一個選擇。有選擇，就有選擇標準，這就是在進行一種分類作用。但是，分類的標準是否高明，卻有天壤之別。如果我們以『說話漂亮』為選擇標準，那麼誠實、公正、無私等等國會議員所須具備的品質，不見得會隨說話漂亮而有。因為，不誠實、不公正、自私等等壞的性質，也可隨說話漂亮而來。由此可見，『說話漂亮』並非在人中進行分類以選擇國會議員的適當標準。可是，如果我們以『公正』為選擇標準，那麼，我們所要求於被選者的其他性質，如誠實、無私等等，也可以相隨而來；而詐欺、自私等等惡劣性質不會隨『公正』而來，所以，我們拿『公正』作選舉國會議員的標準，比拿『說話漂亮』要可靠得多。

「與分類剛好相反的便是歸類。我們依事物的性質或其他共同點而把他們集成類，這種程序，叫做『歸類』

（Classification）。

「一般人所作的歸類，係依據個人的需要、利害、興趣，甚至於注意力而定。農人把農作物常常分得頗為詳細，例如，蔬菜、穀物、水果等等，可是，對於花卉則頗為忽視。園藝家對於花卉的歸類詳細，而對於農作物之類別則不甚注意。這種歸類原則，雖有實用價值，或有心理價值，但是，卻沒有科學價值。當我們不依科學的眼光來歸類時，常常把不重要的因素當作重要的因素而行歸類，結果這樣的歸類，對於知識毫無幫助。一般人對於動植物歸類時，常以其顏色與形體之大小作歸類標準。過去以鯨為魚，中國『鯨』字就表示此意，因為過去以為居在水中者為魚，實則鯨為哺乳類，與魚可謂風馬牛不相及。過去的人以煤為無機物，因煤自礦中掘得，其實煤是由植物化石化（fossilize）而成的。有人以為海白頭翁（Sea-anemone）是一種植物，其實牠是動物。呼吸、燃燒、生銹，一般人以為各是不同的現象，但科學昌明以後，知道這都是由於氧化作用所致，因而都是一類的事物。這憑常識是不可想像的。

「歸類是在雜多之中見共同之點。我們認識一個類，就是在許多單獨的事例中認識基本相同的因素。歸類方法，乃科學首先採用的方法。許多科學，在一個長久時期停留於一個歸類的階段，植物學、動物學尤其如此。

「假若我們看見一些有共同性質的個體，例如人吧，那麼我們可以根據他們所有共同性質把他們組成一個類，叫

做人類。我們又發現一些東西，例如馬，牠們彼此之間相同的程度大於牠們與人類之間的共同程度，於是我們把牠們又組成一個類，名之曰馬類。後來我們一看人類與馬類固然不同，可是兩者之間的共同點多於兩者與樹和草之間的共同點。例如，兩者都能行動，這是樹和草所沒有的特點，於是把兩者又歸為一個較大的類，名之曰動物。同樣的，我們知道植物共同具有的其他特點，例如製造葉綠素、直接從土壤和大氣中取得食物等等，而且這些特點是動物所沒有的，因此又把它們歸為一個較大的類，叫做植物。……一直像這樣歸類下去，可以歸到最大類。荀子〈正名篇〉中也有與此相似的意思：『……推而共之，共則有共，至於無共然後止。』

「我現在畫一個圖解，來表示歸類的結構和程序或活動，請各位注意！」老教授又畫着：

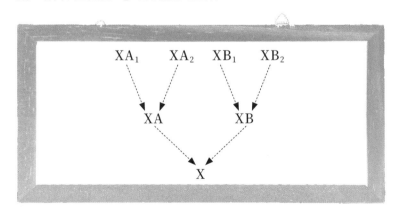

「XA₁……表示被歸的對象。虛箭頭……→表示歸類的歷程或活動或作用。我們為甚麼要用虛箭頭來表示歸類的

歷程或活動，而不用實箭頭──▶ 來表示呢？因為我們在此所注重的是歸類之『動』的方面，而虛箭頭所表徵的比實箭頭所表徵的更富於動的意象，所以我們用虛箭頭而不用實箭頭。

「從這個圖解中，我們可以知道歸類也是有層次的，不過程序和分類相反。歸類的程序從最小的類起始，一層一層地歸到最大類，每歸一次則類愈大一級。

「至於歸類的時候所必須遵守的原則，和分類的時候所必須遵守的原則相似。諸位把後者稍稍變一下就成了，用不着我贅述。」

「天太晚了，我們下次再來吧。」周文璞提議。

「好吧！」吳先生看看錶：「啊！已經十一點了。」

第十七次

詭論

「周文璞，我請問你，你是否相信一切真理是相對的？」吳先生開頭便問。

「我相信這個道理。」周文璞說。

「你根據甚麼理由呢？」吳先生追問。

「因為從古至今，所謂的真理是很多的，往往從前認為是真理的，到後來人類的知識進步，發現那並不是真理。達爾敦的原子論中之『同元素同原子量』之說曾認為是真理，但後來的發現，打破此說。科學中似此的情形是非常多的，人類的知識不斷地進步，所謂的真理也不斷地被修改，可見所謂真理並不是絕對的，並非一成不變的，而是可變的、相對的。」

「還好，你所舉的理由還斯文。」老教授笑着說：「你沒有說，這一羣人以為是真理，另外一羣人以為不是真理；一切真理是以情感利害為轉移，一切真理是以物質的利害衝突為準繩的，所以一切真理是相對。⋯⋯不過，我要問你，你說『一切真理是相對的』，在你說這話的時候，你就是肯定 (assert) 這話是真的，是不是？」

「當然。」

「那麼，你就是說……」老教授寫着：

> 「一切真理是相對的」是真的。

「你既然說『一切真理是相對的』是真的，這一句話就不是相對的了。因為，如果『一切真理是相對的』這話也是相對的，那麼你所說的『一切真理是相對的』便是一句假話。在這樣一句假話中，你不能表示一切真理是相對的這一真話。為了表示一切真理是相對的這一真話，你必須說『一切真理是相對的』這話是真的。可是，當着你說『一切真理是相對的』是真的時，『一切真理是相對的』這話就不能是相對的。『一切真理是相對的』這話既不是相對的，那麼『一切真理是相對的』豈不是一句假話嗎？是不是？」

周文璞給這意外的一問，不知所措。

王蘊理也給困惑住了。

「由上面所說的看來，」老教授笑道：「如果我們說『一切真理是相對的』，如果我們相信這話真的話，那麼這話的本身是一真理。在我們肯定這一真理時，我們相信它不是相對的，而是確定可信的，所以，由肯定『一切真理是相對的』是真的，會得到一個否定的結論，即『一切真理是相對的』是假的。我們以 P 代表上句則為：」

251

> 如果 P，那麼 ~P。

「這個表式說：如果 P 真，則 ~P，即非 P 也真。這種推論顯然是無效的。」

「這個說法真有點古怪。」王蘊理說。

「你覺得古怪嗎？」吳先生說：「類似的古怪說法多着哩，我再舉一個吧！絕對的懷疑論者以為，世界上的一切道理都是可以懷疑的。絕對的懷疑者這樣想的時候，他要表示懷疑，他就要肯定說，『一切道理都是可以懷疑的』。在他肯定地說『一切道理都是可以懷疑的』之時，他就是對於『一切道理都是可懷疑的』這個道理不懷疑了。所以，如果他說『一切道理都是可以懷疑的』為真，那麼就是說『一切道理都是可懷疑的』為假。

「有些人常常發牢騷，說：『哎！這個世界沒有真理。』他說這個話的時候，就是表示『世界沒有真理』這句話是真的。如果這句話是真的，那麼『世界沒有真理』之說便假，因為，他所說的『世界沒有真理』這句話應該是真的。」

「這真是些奇詭之論！」周文璞驚異得很。

「不過，以上所舉的情形，都只是從真推出假。」吳先生深深吸一口煙，接着說：「這些情形，似乎都有點詭異（Paradoxical），但是嚴格地說，都不是真正的 Paradox，

252

這個字我們暫且譯作『詭論』。真正的詭論必須滿足兩個條件：⑴由真推出假；⑵由假推出真。我再舉一種情形。

「假若我說：『我是在說謊』。所謂『說謊』當然是『說假話』。如果『我是在說謊』是真的，那麼我的確是在說謊；如果我的確是在說謊，那麼我是在說假話。所以，如果『我是在說謊』是真的，那麼這話便是假的；可是，如果『我是在說謊』是假的，那麼說這話是假的，這話就是真的，因為，假假得真。所以，如果『我是在說謊』是假的，那麼『我是在說謊』是真的。在這種情形中，由真得假，由假得真，所以，這是一個真正的詭論。在詭論中，」老教授寫道：

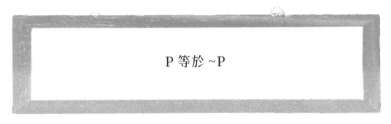

P 等於 ~P

「這種推論顯然自相矛盾。自相矛盾的推論正是邏輯所須免除的。」

「為甚麼會發生這樣的詭論？」王蘊理陷於困惑之中。

「這種詭論之所以發生，原因之一乃是由於語言之自我指涉 (Self–reference) 所致。所謂語言之自我指涉，就是語言指謂它自己。如果我們說：

English is English

「這是用英文來指謂英文，說英文是英文的。我們必須知道，許多形容詞指謂它自己時不出毛病，上面舉的一個

就是，可是，另外有許多形容詞一用來指謂它自己，便出毛病。具有它自己所謂的性質之形容詞，如用來指謂它自己，便不出毛病；未具有它自己所指謂的性質之形容詞，如用來指謂它自己，便出毛病。指謂它自己便出毛病的形容詞，我們叫做 Heterological; 指謂它自己時不出毛病的形容詞我們叫做 Homological。如果一個形容詞可所指謂的性質完全不能為該詞字所具有，那麼這一形容詞必為 heterological。」

Polysyllabic is polysyllabic

「這話說多音節是多音節的。多音節的字誠然是多音節的，用後一個字來指謂前一個相同的字，沒有發生矛盾，所以這種字是 homological 的。可是，另外的情形則不然，例如：

Monosyllabic is monosyllabic

「這話說單音節的字是單音節的。顯然得很，英文字 "monosyllabic" 不是單音節的，它有好幾個音節，所以，這類的字是 Heterological。

「英文短字 Short 有五個字母，而長字 Long 只有四個字母。在這種情形之下，假若我們說：」

Long is not long

「說『長是不長的』，一聽就有矛盾。為甚麼有這種毛病呢？毛病就出在語言之自我指涉之上。頭一個 long 字是一謂詞，第二個 long 字也是一謂詞，第二個 long 是用來形

容頭一個 long 字的。說 long is not long，第一個 Long 字是普通的用法，即形容事物的；而第二個 Long 字不是普通的用法，不是用來形容事物的，而是用來涉謂（mention）頭一個 long 字的。兩個 long 字的記號設計相同，可是二者卻不在同一層次之上，用法也不相同，所以發生矛盾。關於 Monosyllabic is monosyllabic 的毛病正復相同。『我是在說謊』亦然。(1)『我是在說謊』是一個語句，(2)說『我是在說謊』是另一個語。(1)與(2)不在同一層次之上，(2)高於(1)。如果用同一層次的語言表式來肯定(1)真時就肯定(2)真，便叫做『不合法的全指』（Illegitimate Totality）。用來表達層次 i 的語言形式如用來表達高一層次的語言，便是不合法的全指。」

「這個道理我還沒有完全明瞭。」周文璞急忙問。

「要瞭解這個道理，我們最好先分別(1)語言的使用（Use of the Language); (2) 語言的涉謂（Mention of the Language）。我現在寫這幾句話，」老教授又在黑板上寫：

> 1　北平是一個城
> 2　北平有十筆

「第一句話顯然是說『北平』這個名稱之所指，乃一個實實在在的城，這個城離天津不遠，為中國文化古都，這是語言文字之普通的用法（use）。可是，第二句話則不然。如

果照語言文字之普通的用法，我們說北平有十筆，這顯然不通的。北平是一個城，這個城有一百五十萬住民、有故宮、有天壇、有……，但無所謂有『十筆』，第二句話說『北平有十筆』，顯然是指『北平』這個名字的本身而言。第二句話是涉謂（mention）語言文字之本身，而毫不關乎語言文字所指之對象為何。所以，第二句話所說的是指 designation；第一句話說的是所指 designatum，或被指謂的東西（What is designated）。這二者的區別判若雲泥。這二者的區別如被混淆，就產生上述的結果。前例，『我是在說謊』所指的是我在說謊這個動作。我在說謊這個動作的層次是零。表達我在說謊這個動作的語句，即『我在說謊』的層次是第一層次，而說『我在說謊』這個語句的層次是第二層次。但是，在上述的例子之中，這些層次在語言上，全未分別清楚，而將『我在說謊』與說『我在說謊』二者混為一談，以致產生不合法的全指。於是乎，詭論就出現了。……各位明瞭其中毛病沒有？」

「明瞭了！」

「明瞭了，那麼我們再來談一個詭論吧！」吳先生接着說：

「假設有一個類，這個類包含三個分子：項羽、劉邦，以及這個類自己。這個類與僅僅包含項羽和劉邦兩個分子的類是不同的。顯然得很，包含以它自己為一分子的類，只能藉自我指涉（Self–referent）的界說來界定。我們現在

假定自我指涉的界說乃一許可的界定方法。我們現在認為宇宙間的一切類可界定。我們把宇宙間的一切類分作二類：(1)一類是包含它自己的類；(2)另一類是不包含自己的類，這種分類是窮盡的分類。它既然是窮盡的分類，於是，每一個類如不包含在(1)即包含它自己的類之中，便是包含在(2)即不包含自己的類中。然而，這一個類，(1)和(2)又是一類。既然(1)類包含那以自己為分子的一切類，(2)類包含那不以自己為分子的一切類，這樣，便有問題發生：這種分類既是窮盡的，那麼也應該適用於(1)和(2)本身，可是，(2)究應歸於(1)和(2)兩類中之何類呢？

「我們假定(2)是(1)的一分子。(1)類既然只包含以其自己為分子的那些類，於是(2)必須也以它自己為其一分子。而(2)的一切分子是不以其自己為分子之類，於是，(2)不以自己為其一分子。既然(2)不以自己為其一分子，於是(2)不屬於(1)，因(1)類乃只包含以其自己為分子的那些類。

「(2)既不屬於(1)，那麼我們假定(2)乃(2)的一分子。如果(2)是(2)的一分子，那麼(2)乃以其自己為一分子之類；如果(2)乃以其自己為一分子之類，那麼(2)應歸於(1)類；如果(2)乃屬於(1)，便不屬於(2)。

「結果，如果(2)是(1)的一分子，那麼(2)是(2)的一分子。如果 (2) 是(2)的一分子，那麼(2)是(1)的一分子。而我們所作(1)和(2)的分類是窮盡的，於是(2)是(1)的一分子，等於(2)不是(2)的一分子。這是一個詭論，這個詭論乃一 Vicious

Circle。

「二位還記得吧！我們在討論關係的時候，曾說類的分子關係是不自反的，如其不然，便產生詭論。剛才所說的詭論，正是以『類的分子關係』為自反關係產生的。以『另類的分子關係』為自反關係，則一個類可以其自己為其一分子，如果一個類以其自己為其一分子，那麼便產生上述的自相矛盾的奇怪結果。

「無論在任何情形之下，為了免除自相矛盾，我們必須限制所謂全體 (Totality) 之構造。我們在用『一切』時，必須特別小心。我們只能說同一類型的一切事物，或說某一層次的語言之一切表式。我們不能無限制地說『一切語言』。我們用來說一切語言的語言，一定是比所說及的最高層次的語言還要高一層次。」

王蘊理和周文璞聽吳先生說完，彷彿進入一個新的語言境界，頗感興味。王蘊理思索了一會兒，又問道：「吳先生還可以講點給我們聽嗎？」

「當然可以的，……不過，認真說來，那還得有些預備知識和符號工具的。」

「好，我們希望以後有機會再把詭論研究一下。」王蘊理說說着，起身告辭。

第十八次

科學方法

「在我們所居住的這個地球上，人類用種種方法來瞭解這個宇宙。」老教授沉思着：「有些人把這個宇宙看成一個有情的東西，有的把它看成一個有目的之體系，有的把它看成一個意志之實現，……這些看法雖然不是毫無所據，可是，卻不足以接近這個宇宙的真相。比較能夠接近這個宇宙之真相的看法，是科學。當然，比起那些看法來，科學的看法在『年資』上，淺短得多。科學的宇宙觀之逐漸成立，嚴格說來是近三、四百年的事。科學的宇宙觀，是科學方法的產物，我們善用科學方法，便能比較正確地瞭解這個宇宙之間的事事物物。……」

「您可不可以把科學方法對我們講講呢？」周文璞問。

「你的胃口真大，聽了這麼多次的邏輯，還想聽科學方法。……也好，……不過這就出乎邏輯的本格以外。充其量來說，科學方法只是邏輯的應用，可是科學方法既然很有用，談談也是很有益的。談起科學方法來，真是浩繁，每一種科學有其特別的方法，該從何談起？我們現在即使要談，也只能談每一種經驗科學的方法所共同的地方，可是，

即使如此，還是談不完。僅僅討論科學方法的專書就不少。我們現在只好簡而又簡地撮其大要的線索說說。各位循着這個線索，就好作更進一步的研究了。

「物理學、地質學、生物學、經濟學等等，我們叫做『經驗科學』(Empirical Science)。經驗科學大部分依賴觀察、試驗和推廣來建立，經驗科學的許多結論，並非嚴格地從前題推演出來的，而多半是些理論。從這些理論，我們又可以抽繹出一些推廣 (Generalizations)。有許多理論，充其量來，只是高度蓋然的，而不是必然的。就構成這些理論的語句來勘察，這些理論不能是必然的。既然如此，從這些理論所抽繹出的推廣，也就不能足必然的。請各位注意呀！」老教授提高嗓子道：「這就是經驗科學與演繹科學不同之處。

「科學理論或推廣，通常叫做『假設』(Hypothesis)。假設無非也是一個語句，我們藉着這個語句，可以檢驗是否有事實與它所描寫的相合。這種語句依當前的證據而言，只有從大於到小 0 於 1 之間的蓋然程度 (Probability Degree)。

「科學家從一個假設可以推出好幾種結論。在這幾種結論之中，有的頗為新奇。新奇的結論，在科學家看來頗屬重要，為了檢證假設之真妄，他們求助於直接的觀察和試驗。

「在早前的時候，許多部門的科學之工作是記述某些範圍以內的現象，並且從事安排歸類而已，這些工作，只是研究科學的初步工作。關於這一點，我們在前面已經提到過了，不過，我們要能看出，歸類之中包含着抽象作用。抽象

作用一經使用，我們便可作種種推廣。例如，『水到攝氏零度便結冰』、『凡物體失去支持時便會下降』等等都是。其實，牛頓定律也是這一類的推廣，不過更較精確和普遍而已。我們可以說推廣是經驗科學的中心，只有以推廣為依據，我們才能解釋自然現象，並且對於自然現象之變化作種種預言。

「設有兩種現象 A 和 B。如果 A 出現則 B 也出現，而且，如果 B 出現則 A 也出現。於是，我們可以作一個推廣，說 A 與 B 共變 (Concomitant Variation)。從這個推廣，我們又可以演繹，A 之一例如出現時，即有 B 之一例隨之而起，反之亦然。如果水被加熱至攝氏一百度的話，則在海平面會沸騰，這便是一種推演。

「在瞭解現象時，我們常用到一項觀念，就是因果觀念。在我們日常言談之間，有意或無意免不了對於許多事象作一種解釋。我們常常說，某一事件 B 係由 A 因所產生。如果有人問我們，『為甚麼……呢？』，我們就說『因為……』。我們看見街頭圍着一大堆人，出了事件，便常常禁不住要問：『為甚麼原因出了這件事呢？』這就是在用因果觀念。當然，『因果觀念』在世界各地並不一樣，有的地方，把因果觀念賦予輪廻觀念：某人生來像一隻豬。有人就解釋說，這是『因為』他前世是一隻豬，所以，今世變成人，還有點像豬。又有的人把因果觀念賦予道德果報的觀念；有人發了一筆財，許多人就說這是『因為』他行善事所

致；有人被雷打死了，許多人就說這是『因為』他對父母不孝的『報應』。這類的因果觀念，也可以看作是聯繫宇宙事象的方式。這類方式，是否充滿了原始要素，我們不在這裏討論。我們現在所要討論的是，西方世界的因果觀念，是了解事物之事理的因果觀念。這種因果觀念，幾乎是在一般有科學興趣的人中最具支配作用的觀念，依照這種因果觀念來解釋，某人為甚麼被雷打死，並不是『因為』他前世作惡，也不是『因為』他今生不行孝，而是因為他在雷雨中立乎導電體之下。……有許多弄科學的人抱持一項設臆『每個事件有一個原因』，他們認為這一設臆是經驗科學研究中的基本設臆。不過，有些科學家和科學的哲學家，日漸不喜把因果觀念當作科學研究中基本重要的觀念，自量子物理學出世以後，這種趨勢尤為明顯。英國哲學家休謨（Hume）對於因果觀念曾提出嚴格的批評，他的這種思想給予後世很大的影響。近來的趨勢，是拿函數觀念代替因果觀念。雖然如此，在我們日常生活中，因果觀念是不可少的，否則，勢必引起極大的不便。在科學的研究中，因果觀念雖然日漸為函數觀念所替代，可是，至少在初步的研究中，因果觀念仍然是很有用的。『他因溜冰，所以把腿折斷了。』『麵包之所以烤焦了，因為爐火太旺。』『因為實行暴政，所以叛亂發生。』……在這些話中，都含有因果觀念。如果我們完全取清因果觀念，那麼像這一類的話便都不能說。我們時常想探究個別情形或事件的原因，例如，法國革命、

一九三〇年美國之不景氣、鐵達尼船之沉沒、法魯克之失去政權、蘇珊海華之受人歡迎等等。有人好追究：人為甚麼原因要死，我們可以說，因為『年歲老了』，或者因為『動脈硬化』。醫學發達到甚麼地步，我們對於這問題的答案就可以精細到甚麼地步。……從這些事例，可見因果觀念，是我們藉以解釋現象所常用的思想方式，正因如此，有幾點我們必須弄清楚的，」吳先生搔搔頭髮，想了一想，繼續說道：

「第一，科學的基本興趣是求因果律，而不是一個一個的特殊因果事件。即使科學家在着手研究時，所研究的對象是特殊的因果事件，而科學家的目標仍在把所研究的推廣及於一類的事件，及其所可能表徵的普遍法則。

「第二，雖然 A 類事件普遍地與 B 類事件關聯着，而且 A 的每一例子發生，則 B 的每一例子也發生，可是這是單程方向的聯繫。所謂『單程』，我在這裏是借用交通規則上的名詞。有些街道只准車輛來，有些街道只准車輛往，而不准車輛對着開駛，這叫做『單行道』。同樣，如果只是由 A 到 B，而未由 B 到 A，我們叫做『單程方向的聯繫』。單程方向的聯繫不足以支持我們確定地說，A 與 B 之間有因果關聯。如果可以的話，那麼我們就可以說白天是黑夜的原因，黑夜是白天的結果，因為，黑夜老是跟着白天之後來臨，而且從來沒有例外。但是，對於常年過慣夜生活的人而言，未嘗不可倒過來說黑夜是白天的原因，白天是黑夜

的結果。因為，當他過完漫漫長夜的生活以後，東方才漸漸微白，而且也是從來沒有例外的。同樣，如果我們以為 A 與 B 之有規律的前後相承便是有因果關係的話，我們也可說日落乃晚霞之因，但我們也可以說早霞是日出之因。誠然，A 與 B 如有規律的相聯，我們可以假定 A 與 B 有因果關係，但是，我們不能說二者前後相聯必有因果關係。我們尤其不可肯定二者有因果關係，『假定』與『肯定』之間的距離是很大的。

「第三，因果律只是科學推廣之一種而已。因果關係只能使我們說，在時間過程中，A 與 B 相承，但是，我們不能說這種相承的情形可以復返。依據因果律，我們只能從 A 推 B，不能從 B 推 A，可是，對於科學上的許多推廣而言，時間順序根本無關重要。依波義爾定律（Boyle's Law），壓力乘容積等於常數乘絕對溫度。換句話說，在一定溫度之下，一定容積的氣體以及壓力之積保持不變。在這定律中，三個變數 P、V，或 T 之任一變數的變動，可以引起其餘變數之中至少一個之變動，因而那一個變數在先，根本無關重要。民間流傳一個問題：究竟是雞生蛋，還是蛋生雞。這個問題雖然有趣，可是，從因果觀點來看，卻是一個傻問題。因為，如果我們說『雞生蛋』，那麼還有生那『生蛋的雞』的蛋；如果我們說『蛋生雞』，那麼還有生那『生雞的蛋』之雞。」

「這裏面還含有語意學的問題。」王蘊理說。

「對了！」老教授面露喜色。「……不過，這……個問題，我們只好留待別的機會去討論。在許多情形之下，因果關係不是直接的，例如，巴西咖啡歉收，美國咖啡便漲價。人口繁殖與戰亂有因果關係，因為，人口繁殖則食物不足，食物不足則引起爭奪，爭奪發生則戰亂隨之。所以，人口繁殖則戰亂隨之。在這類情形之下，因果聯鎖雖然並不是直接的，但是我們仍可藉着確定的知識把許多跡象連繫起來，而織成一個因果聯鎖 (Causal Nexus)。可是，做這件事時，我們得特別當心。

「求因果關係的方法中，穆勒方法是近若干年來弄科學方法論者所不可忽略的。穆勒 (J.S.Mill) 是英國哲學家兼邏輯家。他的重要著作有《邏輯的系統》(*A System of Logic*)。在穆勒以前，有培根 (F.Bacon)、赫施勒 (J.Hershel) 等人講科學方法。穆勒把這些人的科學方法加以擴充和說明。在他的方法之中，最著名的有穆勒五則 (Mill's Five Canons)。我們現在要簡單地介紹一下。各位有興趣嗎？」

「有興趣。」周文璞說。

「我們想多知道一點。」王蘊理說。

「好！第一種方法叫做『合同法』(The Method of Agreement)。如果我們所研究的現象有兩個或兩個以上的例子，這些例子只有一種情境是共同的，則此一切例子所同有的情境，不是我們所研究的現象的原因，便是它的結果。例如，金屬生銹、動物呼吸、木材燃燒，這些事件彼

此之間，除了氧化以外，沒有其他共同之點，於是，我們可以說，氧化為這些現象之共有的原因。

「第二，別異法（The Method of Difference）如果我們所研究的現象在一事例出現，在另一事例中不出現，而且此二事例除了一個情境以外，其餘一切情境皆無不同之處，那麼，此二事例唯一不同的那個情境，不是我們所研究的現象之因，便是其果，或與之有因果關係。在做音學實驗時，在一玻璃罩內，如果放一架鬧鐘，我們可以聽到鬧鐘的聲音，但是，當我們把罩內空氣抽去時，鐘聲就聽不到。於是，我們就可以判斷，空氣與音響之傳播有因果關係。

「這種方法，顯然是很有用的，不過，也有它的限制，碰到有不能付諸實驗的情況，它便英雄無用武之地了。我們常常聽到有人說，希特勒這個人之所以能夠在德國攫取權力，是因為凡爾賽條約太苛刻之故。這種說法，嚴格地說，是一種『想當然耳』的假設，因為，我們不能用人為的方法製造一種情境與第一次世界大戰結束以後極其類似——除了一點以外，就是和約對於德國寬大些。在社會現象中，常常有這樣的情形，因此，我們對於有關社會現象的某些包含因果聯繫的說法，尤其是遙遠而間接的因果聯繫說，要格外小心。

「第三，同異聯用法（The Joint Method of Agreement and Difference）。如果我們研究的現象出現於兩個或兩個以上的事例之中，而這兩個或兩個以上的事例只有一個情

境相同。可是另有兩個或兩個以上的事例，其中並沒有我們所研究的現象出現，而這些事例除了都沒有該情境以外，再沒有其他共同之點，那麼，這兩組事例唯一不同的情境，不是我們所研究的現象之因，便是其果，或為其果之不可少的部分。

　　「自從達爾文發表『動物用顏色保護其安全』的學理以後，華勒士（Wallace）就應用這個理論去解釋北冰洋動物的顏色。北冰洋有終年積雪的地帶，在這種地帶，有終年顏色皆白的動物。例如，北極熊，美洲的北極兔、雪鴉，以及格林蘭鷺。北冰洋又有夏季無雪而冬季有雪的地帶。這種地帶有冬季變白，夏季變其他顏色的動物。例如，北冰狐、北冰狸、北冰兔等等。依照達爾文的學理，這些顏色之變換是保護安全的因素。肉食動物藉其顏色之與環境混同，易於攫食；被食的動物則藉其保護色，易於避禍。可是，也有人說北極動物的顏色之所以白，是因雪的白色發生化學反應，或因白色可以減少輻射的失熱，以便保持體溫。這種說法，似乎也言之成理，然而，華勒士又發現在終年積雪的地方，有顏色反而不白的動物。例如，冰貂終年色褐，貂羊也是終年色褐，而烏鴉的顏色則是黑的。華勒士細心考察，發現冰貂生活在樹上，牠的顏色恰和樹皮的顏色相同；貂羊的生命安全，則靠在雪地中迅速認出同伴而歸羣，所以牠需要與自然環境不同而易於辨識的顏色；烏鴉係以死肉做食料，牠有翅能飛，不需避禍，所以不必隨自然環境

而變色。這樣看來，正面的一組實例表明，隨環境而變色的動物是利用身體之變色與自然環境相同以保護自己；反面的一組實例表明，不隨環境而變色的動物，則利用顏色與自然環境之不同以保護自己。可見化學反應說不能成立；而達爾文的保護說成立。

「第四，剩餘法 (The Method of Residue)。我們從所研究的現象減去從前藉着歸納法而知其為某些前題的部分，則此現象所剩餘的部分乃其餘前項之結果。社會上常存有無謂的禮俗。例如，祭神和其他許多風俗。這並非生活之所絕對必須，但是，這些東西卻依然存在，久久不能改掉。這是由於傳習力所致，可見傳習力乃是這些剩餘現象存在的原因。

「第五，共變法 (The Method of Concomitant Variation)。任何現象如以任何方式變化，另一現象則以某種特殊方式變化，則此現象如非另一現象的原因，便是它的結果，或者與它有某種因果關聯。水銀柱之升降與氣溫之高低，乃日常最顯著的共變現象。適宜於拿共變法來研究的，是商業循環現象。我們應用這種方法，必須知道現象變化的程度，這也就是說，我們必須藉測量而知道變化的程度。

「以上所說的五種方法，我們在應用的時候，必須判斷相干或不相干。我們必須把相干的因素予以研究，不相干的因素撇開不管，再看相干的事例或性質是否同一、別異，

或共變。

　　「不過，」老教授凝神道：「相干是一個很難界定的概念。我們要決定某一因素與某現象是否相干，這與我們的知識和經驗極其有關。在我們所研究的現象間，我們不能普遍地指出一個確定的標記來表示那些因素相干，那些不相干。事實上，在每一種研究中，我們的常識，我們對於類似現象之原有知識，我們的原創力，我們的思想上的冒險精神，以及想像能力，在決定相干或不相干時，都是不能缺少的條件。當然，我們對於所要決定的某因素與現象相干與否所在的範圍以內的知識，尤為不可缺少。例如，我們要決定癌症與吸煙是否相干，必須具有高度的醫學、生理學等範圍的知識。我們對於相干之知識，亦如人的其他知識，只有藉着更多的知識來發展、來印證。直覺有時也有幫助，與這要看甚麼人的直覺。在解決物理學中困難的問題時，愛因斯坦的直覺，碰對的機會比一般人多。原因之，是他有在物理學範圍裏工作五十年的經驗累積，及此類理知的發展。這些因素，深入下意識，遇機湧現出來，自然常有價值。而我們一般人在物理學方面沒有這類心理累積，所以，我們的直覺碰對的機會比愛因斯坦少。

　　「相干之決定，到現在為止，本無普遍原則可循，不過，為了研究工作之便，我們不妨製定一個形式的方式（Formulation）。如果有 X 則有 Y，如果無 X 則無 Y，那麼 X 與 Y 相干。夜夢不祥，白天遭兇手毆擊，無論如何不相

干，我們只說兩件事碰巧先後出現罷了；夏夜看見流星急馳，與第二天拾着銀幣，一定毫不相干。珍珠殼上放光澤，從前有人以為係由於珍珠殼的化學成分所致。後來有一位研究者在無意之間把松脂印在珍珠殼上，結果松脂印面上也有與珍珠一樣的光澤。隨後他又將珍珠殼印在黃臘和鉛等等東西上面，結果都有珍珠光澤，而這些東西的化學成分各不相同。可見珍珠殼的化學成分與它的光澤不相干。

「其次，我們必須明白上面所說的五種方法，對於我們確定因果關係都有所幫助，或提供一些理由，可是，沒有一種方法能使我們得到一個確切不移的結論。科學家之所以應用這些方法，直到現在為此，只重視他們的啓發作用，來使我們藉以設想某些因素或事例有因果關係罷了，所以，我們不可看得過分呆板。

「類比法（Analogy）也是科學研究上常用的。如果 A 與 B 在某些方面或性質相似，我們就推論 A 在其他重要的方面或性質與 B 相似。類比法尤其只有啓發作用，而且應用類比法成功之程度，尤其與我們的知識、訓練和想像力相關。在某個範圍內知識和訓練，以及想像力豐富者，在用類比法時，他知道 A 與 B 重要類似之點是甚麼，那些類似點又是毫不相干的。從前的人學作文章，動不動說：『人之有文武，猶車之有兩輪，鳥之有兩翼。是故文武不可偏廢也。』從前的中國人為證明只可以有一個皇帝，常常說：『天無二日，民無二皇。』這些類比，真是比於不倫。是不是……？」

「吳先生！統計方法不是也常用的嗎？」王蘊理想到這裏。

「是的，統計是現代社會生活中不可缺少的工具，有許多現象，我們可以發現其齊一的函數關係。可是，另外有許多現象，我們發現不到有這種關係，因為，也許沒有這種關係，也許不能利用現有的技術來發現，也許太複雜了。在這些情形之下，我們只好用統計方法來對付。在物理學中，雖然我們知道關於氣體的每一原子的行動之機械律，可是，我們要依據這類知識來決定氣體的行動，那是太複雜了，同時也太困難了，因此，我們只好設法求出大羣原子行動的統計資料。死亡統計表，並不告訴我們個別死亡情形的定律，也不告訴我們死亡之普遍原因，可是，死亡統計表仍可給予我們一個可靠的指示，以決定人壽保險應繳費若干。

「不過，我們必須明白，統計的結果，只可應用於羣集，而不適用於羣集中的個別分子。例如，我們知道某大學有百分之五十的學生不能畢業，但是，我們卻不能說某一個學生，比如說張某，有百分之五十的機會不能畢業。同時，統計的結果，也不能看得太確定，因為，它是一種外部的記錄。當然，無論如何，它多少可以給我們以因果或趨勢方面的啓示，或者，促使我們對於某現象提出進一步的假設。

「提到假設（Hypothesis），它是西方人研究科學的重要工具。我們簡直可以說，如果沒有假設，就沒有科學。最廣義地說來，假設是一個語句，而這個語句的證明是尚未確

定的。一般說來，假設並不完全是猜，假設雖不免或多或少含有猜的成分，可是假設之構成，也多少有點根據，或研究者個人之所見。不過，假設並非我們已確知其為真的語句，如果我已經確知假設是真的語句，那麼它便不復為一假設，而是一個經成立的定律了。科學中的假設，大多數是推廣。氣象局報告『明天陰雨』，嚴格地說，是以統計資料為依據所提出的推廣。」

「請問您，要提出合用的假設，有普遍的規律可循嗎？」王蘊理問。

「哦！沒有，沒有！」老教授搖搖頭：「一個假設之合用與否，與提出者在該範圍裏的學識、經驗、訓練大有關係，與他的想像力之強弱也大有關係。既然如此，當無普遍的規律可循。……科學方法論家之所能為力者，是提出合用的假設必須滿足那些要求。我們要能提出合用的假設，必須：

「1. 適於說明它所要說明的一切基料。這也就是說，一個假設必須與它所要解釋的對象之外範的廣狹相當，過大過小，都不適用。這一條容易說，但不容易做到。通常所謂的『社會現象』一詞中含有通常所謂『自然現象』。可是，通常所謂的『自然現象』並不必含有通常所謂『社會現象』。我們對於『自然現象』所說的話，不足以解釋『社會現象』。我們明乎此理，便可以知道十九世紀一部分人想以關於『自然現象』的假設來解釋『社會現象』，為甚麼引起『減削的不

適當』（Reductive Inadequacy）。

「2. 結論豐富。這裏所謂結論豐富，意思就是說，可以從它推出許多有助於瞭解現象的結論。

「3. 可以印證或否證。一個假設之提出，我們必須接着可以印證它，即有方法證實它是真的。如其不然，假使我們能夠否證它，也不失其為一假設。如果有人提出一種假設，任何人都無法印證，又無法否認，那麼科學家一定視為無用，棄而不顧。在生物學上，從前有人提出引得來希（Entelechy）來解釋生命現象，就是這類假設。在日常生活中，這類假設為數尤多。例如，你如不改過，就會入地獄被硫黃火燒。

「4. 自相一致。如果一個假設不能自相一致，那麼自己在邏輯上就站不住腳。這樣的假設，根本無法使用。

「5. 與已有的科學知識不相衝突。在通常情形之下，我們提出一個假設，必須盡可能地不與已經成立的科學知識相左。」

「您的意思是不是說，我們提出假設時，必須死守已有的知識成規呢？」王蘊理問。

「哦！我沒有這個意思。」老教授眼光一亮：「我只是說，『盡可能地』如此，並沒有說『必須死守』。就蓋然程度來說，合於既有知識的假設，其合用的機會，多於不合既有知識的假設。」

「可是，……如果已有的知識不足以說明某一新被發現

274

的現象，這時，我們非提出新的假設，不足以嘗試着去解釋它，可是，這個新的假設又與既有的知識相違背，那麼，我們該怎麼辦呢？」王蘊理接着問。

「確乎如此的話，我們當然只有開始懷疑既有的知識，而考慮提出新的假設。科學知識多是蓋然的，而且常常在改進之中。我們之所以需要提出新的假設，有時就是為了修正已有的知識，或彌補已有知識之不足。所以，我們不可故步自封。……不過，已有的科學知識，是許許多多人長久時間累積所成的，所以，我們更動它，要特別小心。假若我們對於既有的知識累積，並未登堂入室，而貿貿然提出『新說』，這只是表示我們還未到達研究學問的成年而已。

「6. 假設要簡單。如果兩個假設 H1 和 H2，而且二者在一切方面相等，只是 H1 比 H2 簡單，那麼我們無疑要選擇 H1。中世紀哲學家奧康（William of Ockham），他有一句名言：『若非必要的東西，不可增加。』這是有名的奧康之刀（Ockham's Razor）。對於同一現象，我們能用較簡單的假設解釋時，絕不可再用較複雜的假設解釋。在科學史上，較簡單的假設淘汰了較複雜的假設的實例，不知凡幾。天文學中這樣的情形就很多。

「提出了假設以後，我們緊接着所要做的事是甚麼呢？」老教授望着他們兩個人。

王蘊理想了一會兒，答道：「就是設法求證。」

「對了！」老教授露出高興的神色，「求證，在科學研究

的一個階段以內，是最後的一個步驟。韓非子〈顯學篇〉上說：『無參驗而必之者，愚也；弗能必而據之者，誣也。』提出一個假設以後，我們不能就肯定它一定是真的，要趕緊想法子尋求證據，根據這證據來看它究竟是不是真的。這種程序，叫做『證實』。

「經驗科學家是非常看重證實的。赫胥黎說：『……靈魂不朽之說，我並不否認，也不承認。我拿不出甚麼理由來信仰他，但是我也沒有法子可以否認他。……我相信別的東西時，總要有證據。你若能給我同等的證據，我也可以相信靈魂不朽的話了。……這個宇宙，是到處一樣的，如果我遇着解剖學上或生理上的一個小小困難，必須嚴格的不信任一切沒有充分證據的東西，才會有成績；那麼，我對於人生的奇妙的解決，難道就可以不用這樣嚴格的條件嗎？從這一段話裏，我們可以看出經驗科學家是怎樣地看重證實了。

「證實既是這樣重要，那麼我們在證實的時候應該抱持甚麼態度呢？如果我們的假設被證實了是合乎事實的，那麼我們還要繼續小心求證，不可輕率相信它一定真，因為恐防發生例外，或發生別的毛病。如果我們的假設被證實了是假的，那麼便應該立刻放棄，絕對不可稍稍固執成見。在真理之神的面前，不可依戀情感的惡魔，否則，真理之神永遠不會接納我們的！

「在求證實的時候，我們為甚麼必須抱持這樣的態度

呢？其理論的根據在那裏呢？這個問題必須在積極的證實和反證的性質中去求解答。

「在討論條件語句的推理時，我們曾經說過，『肯定後項，不能肯定前項；否定後項，可以否定前項。』我們建立假設，往往是用條件語句，而在證實假設的時候，我們的思維程序不是『由肯定後項，不能肯定前項』，而恰恰是『由肯定後項而肯定前項』，這種辦法顯而易見不是必然可靠的。用這種辦法所得到的結論即使是真的，大都是蓋然的真；而不是必然的真。『假若一切老鴉都是黑的，那麼中國老鴉也是黑的。』我們看見『中國老鴉都是黑的』，因而證實『一切老鴉都是黑的』。這種辦法多少有些冒險性質，所以，如果所提假設被證實為真，也大多是蓋然的真。

「可是，既然『否定後項，可以否定前項』，於是只要有一個例外，我們就足以把假設確定地推倒。『假若一切鵠都是白的，那麼澳洲鵠也是白的。』可是，我們知道在事實上澳洲有黑鵠。因而，『澳洲鵠是白的』這個後項被否認了，所以前項也隨之而被否認，原來的假設立刻遭反證了。

「除此以外，還有另一方面的理由。在證實的時候，我們總是根據已知的一類之一部分的事例來承認對於這一類之全部事例——包含未知的在內——所說的話。這也就是根據偏謂語句之真，來說全謂語句之真。

「我們在前許久已經說過，偏謂語句真的時候，與之對待的全謂語句不必然地真，而是或真或假的，既是如此，如

果假設被證實為真，它不是必然的真，我們只能說最蓋然的真。我們又曾說過，偏謂語句假的時候，全謂語句必然為假，既是這樣，如果假設被證實為假，那麼它是確然為假。化學家拉瓦西（Lavoisier）研究種種酸，看見其中含有氧，於是他假定『一切酸都含有氧』。後來有人尋出鹽酸中並沒有氧，而酸性反強。這就是說，『有的酸含氧』是假的。『有的酸含氧』是假的，則『一切酸含有氧』必然也是假的。所以拉氏的假設不能成立了。

「無論從那一方面的理由來看，我們可以得到一個總結：如果假設被證實是真的，那麼大多只是蓋然的真；反之，如果假設被證實是假的，那麼一定是假的。既然是這樣，所以在求證的時候，我們不可不謹守前面所說的態度。在人類求瞭解經驗世界的歷程中，我們不斷地假設，不斷地求證，才能促使我們的經驗知識進步。」

第十九次

種種謬誤

「吳先生，常常聽到有人說，說話和寫文章必須合乎邏輯，這話對不對呢？」周文璞問。

　　「唔！……」老教授沉思道：「通常都是這麼說的，……但是，真正弄邏輯的人，可不這麼想。所謂說話、寫文章是否必須合乎邏輯，看你的目標是『說理』，還是『服人』，而且，還要看你所說的話是那一種話，所寫的文章是那一種文章。

　　「我們通常有一種錯誤，以為『合理』者可以服人，『服人』者也一定合理，其實不然。『合理』者不必能服人；服人者不必是合理的。在事實上，服人的語言，常極不合理，極不合理的語言，反而因能動聽而極服人。反之，合理的語言，常常使人漠視；有時使人憤怒，甚至仇視。這就構成人生的悲哀。」

　　「您是不是說，合理的話一定都是不足以服人的，服人的話一定都是不合理的呢？」周文璞問。

　　「不是這麼說的。為了表示得清楚些起見，我用邏輯的方法來表示剛才所說的。我們把『合理的語言』當做一類，

並且用 R 來表示；我們把『服人的語言』當做一類，並且用 C 來表示。現在用一個範式圖解來圖示 R 和 C 這兩個類之間的關係。」老教授用粉筆在黑板上慢慢畫着：

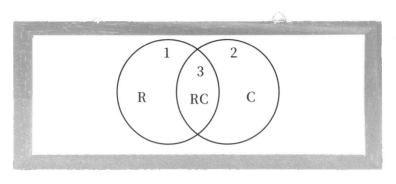

「請二位注意呀！」老教授解釋道：「這個圖解中的兩個類，構成三個部分：第一部分，是 R 而不是 C; 第二部分，是 C 而不是 R; 第三部分，既是 R 又是 C。R 表示有合理而非服人的語言；C 表示有服人而非合理的語言；RC 表示有既合理又能服人的語言。從這一解析，我們可以知道，既有 RC，即有既合理又能服人的語言這一部分，可知並不是凡合理的語言一定是非服人的語言，也不是凡能服人的語言一定是非合理的語言。是不是？……不過，既然第三部分只是三個部分中的一部分而已——除了第三部分以外，尚有合理而非服人的語言，以及服人而非合理的語言，可見合理的語言與服人的語言，至多只有一部分重疊，而不能相等。……合理的語言和服人的語言不能完全符合起來，這就是人類社會不夠愉快的一大原因。舉個已經提到的例子說吧！希特勒的演講詞，在今日看來，實在沒有甚麼太多

的真理，可是，在當時卻能使廣場上的人如痴如醉，如瘋如狂，樂於為他作火牛，這不能不說是服人了。……當然，如果凡合理的語言必不能服人，而且凡能服人的語言必不合理，那麼邏輯就可以不必學了。不獨邏輯可以不必學，其他科學知識、倫理建構，也一概歸於無用。人類只有長期停滯在野蠻狀態之中，與猛獸為伍了。好在並非如此。在我們的語言中，畢竟有既是合理又能服人的那一部分。邏輯研究之直接或間接的作用，就是擴大這一部分，使凡合理的語言就能服人，而且，凡能服人的語言，也就是合理的語言。這也就是說，使合理的語言與服人的語言符合。當然，這是不可能完全達到的目標，不過，如果人類趨向真善美的動力是不息的，那麼做到一分就算一分；增加一點，就改善一點。所以，現在放在我們面前的問題，倒不是合理的語言與服人的語言能否完全符合的問題。這是『求全』。求全不遂，最易趨於幻滅。現在我們所面臨的問題，乃服人的語言是否能逐漸變成合理的語言，果能如此，那也就是表示，人類的錯誤逐漸減少，盲動減少，而理知則逐漸增加，這樣，人類就可以向着好的方向走去。……各位的意見怎樣？」

「您說得很清楚。」周文璞說。

「而且把理知的發展，與人生的關係也帶出來了，是不是？」王蘊理接着說。

「是的，是的。」老教授笑着點頭：「不僅邏輯是如此，在實際上，科學研究在這種發展上也大有幫助。……我們

還是把話題拉回頭吧！

「照我看來，一般所謂『合乎邏輯』之說，意謂是很含混的。說這種話的人很多，可是不見得個個習過邏輯，從何而知道某話是否合乎邏輯呢？許多人往往以為，我們說話和寫文章，不是合乎邏輯，便是不合邏輯，只有這兩種可能。如果是這樣分別，那麼是不對的。在合乎邏輯與不合邏輯之間，還有第三可能，就是無所謂合乎或不合乎邏輯。用英文來表示比較清楚：(1) Logical; (2) Non-Logical; (3) Illogical。(1)意即合於邏輯的；(2)意即非邏輯的；(3)意即違反邏輯的。從這一列舉，我們就可明瞭合邏輯與違反邏輯之間還有非邏輯的。

「甚麼是合於邏輯的呢？如果各位已經瞭解我們這些時所討論的，當然可以明瞭。所謂合於邏輯的，就是合於一切邏輯規律的推論，可是，在一般情形之下，許多人常常把非邏輯與違反邏輯二者混為一談。許多人以為非邏輯即是違反邏輯，其實二者是有區別的。

「所謂『非邏輯的』，意即無關乎邏輯的，或說邏輯以外(Extralogical) 的。『卵有毛』、『雞三足』、『火不熱』、『輪不輾地』，這些話都是非邏輯的，這些話之為非邏輯的，與『三角形是冷的』之為非邏輯的完全相等。『三角形是冷的』這句話之為非邏輯的，與『太陽是發光的』、『凡金屬有重量的』、『一切動物是細胞構成的』這些話之為非邏輯的完全相等。在這些話中，有些是假的，有些是真的──『雞三

足』、『火不熱』等話顯然是假的。『太陽是發光的』、『凡金屬是有重量的』等話顯然是真的。一般人容易以為真話就是『合於邏輯』的話，假話就是『不合邏輯』的話，其實，就剛才的解析看來，真話可以是非邏輯的，假話也可以是非邏輯的。語句之真假與否，與其是否合於邏輯，簡直毫不相干（Irrelevant）。從我們在許久以前關於真假對錯的討論看來，只有在推論關聯之中才能決定一個語句是否合於邏輯。一個單獨的語句，不在任何推論關聯之中，像不在軌道之中的游離電子一樣，是無所謂合於邏輯與否的。依此推論，一切語句，特別是經驗語句，都可以視作是非邏輯的語句，即邏輯以外的語句。邏輯以外的語句有的真，也有的假，依此，假的語句可以是非邏輯的，真的語句還是照樣可以是非邏輯的。總而言之，語句之真假，與其是否合於邏輯，是毫不相干的。」

「這樣說來，非邏輯的語句還可以是真的，那麼我們說話、寫文章就不必一定要合於邏輯了。是不是？」王蘊理問。

「一般所謂『說話、寫文章必須合邏輯』之談，其意謂的恐怕是『要求正確』之意。在一般情形之下，所要求的『正確』，含意是非常之多的；而『合於邏輯』恐怕是其中不算重要的要求。這是因為邏輯無關乎經驗陳述之真假，而且邏輯永遠不特定地支持某一特定的論證。人總想以特定的論證來支持他自己的意見，或好惡，或意志，甚或利害，而邏輯並不能支持特定地幫這些忙。一般人對真正的邏輯

284

不發生興趣，他們所要求的『正確』，主要地並非合於嚴格的邏輯之推論。如果所謂『必須合邏輯』之說的意思真正是說，『說話、寫文章必須合於邏輯書上那些規律』，那要看所說的話是甚麼話；所寫的文是那一種文。如果所談的話是家常話，所寫的文是散文，或非理論性的文，那麼當然不必要合於邏輯規律。如果在這些場合中要合於邏輯規律，等於在戲院裏要人讀經，那才是呆子哩！」

「哈哈！」周文璞笑道：「有許多學究就是這麼的。」

「人生也有這麼一格。人生有了這麼一格，趣味就多一點。」王蘊理說。

「可是，如果所談的話是用於正式討論問題，所寫的文用於表達理論，那麼一定得合於邏輯規律。……」老教授停一停，又說：「我們普通言談辯論或研究學問，其正確的目標，無非在求真。然而，很少人先花幾年功夫，將邏輯訓練好，再去談話、寫文章、研究學問的，而多半是走一步，探一步的。在這走一步，探一步的過程中的人，只要不是太笨，總可慢慢探出一個理路來。得到這個理路的人，就可慢慢明白起來。明白了的人，如果才智再高一點，也可以多少有點建樹，或有所發現，有許多人不一定究習邏輯，但可探出真理，不過，無論如何總沒有用邏輯之效率高，尤其想搞通理論時，總沒有借用邏輯來得有把握。所以，想要造高深的學問，最好先學學邏輯。」

「研究哲學需要學邏輯嗎？」王蘊理問。

「研究哲學也是需要的。……照我看來，恐怕比研究科學更需要。因為，研究經驗科學，有實驗條件、客觀事物等等條件來限制它；研究純理論科學，有符號語言、方程式、公式來限制它；研究哲學則沒有甚麼限制它，即使有也很少很少。甚至於可憐的自然語言這一工具也被一部分弄哲學的攪得亂七八糟，結果，徒徒增加彼此之間的困難，局外人更不用說了。所以，弄哲學常常弄得漫無邊際，人言人殊，不容易得到準確的知識。如果這是一病的話，那麼此病須靠邏輯來醫。」

「這樣看來，邏輯只有理論方面的用處了。」周文璞說。

「是的，邏輯的應用，主要也止限於理論方面，但是，通過這種應用，也可以影響到實際。當然，這種影響大多不是直接的，然而，卻很深遠。」吳先生吸了一口煙：「不過，說到這裏，我要順便表示一下，我們不要把『用』看得太直接、太現實，而輕視理論方面的用處。巴黎油畫有甚麼『用』？蠟人館裏陳列的蠟人有甚麼『用』？現在讀希臘文有甚麼『用』？弄純數學有甚麼『用』？如果所謂『用』只限於吃飯穿衣睡覺，那麼人類的生活與其他低等動物也就很相近了。哎！目前流行的一種空氣，甚麼都只講直接效用，結果，人類的菁華快磨掉了，人變成有生命現象的機器。」老教授深深歎一口氣，不住地抽煙。

他們二人相視微笑。老教授牢騷這樣多，像自來水一樣，一拌動機關，就不住向外流。

「我們讀書人，」老教授提高嗓子道：「切勿為這種瘟疫所感染。除了講求實用以外，我們還要有一種為學問而學問的興趣，為真理而真理的態度。邏輯就它的本身說，是一種純粹科學。邏輯之學，自亞里士多德軔創以來，經過中世紀，到九十餘年前，一直是在冬眠狀態之下。而自十九世紀中葉波勒（Boole）等人重新研究以來，突飛猛進，與純數學合流。由於輓近邏輯之突飛猛進，引起數學對於其本身的種種根本問題之檢討與改進。形勢幾何學（Topology）就很受組論（Mengenlehre）的影響。寫文運思而依照邏輯方式，是一件頗不易辦到的事。在這個世界上，全然健康的人也不多見。很少人能說他的運思為文全然無邏輯上的毛病。即使是邏輯專家，也不能完全辦到這一點。邏輯訓練，除了積極方面可能助長我們的推論能力以外，在消極方面可以防止錯誤的推論；而且直接間接可以幫助我們免除種種想見的謬誤。」

「吳先生可以將邏輯直接或間接可能免除的謬誤講一點給我們聽嗎？」周文璞問。

「可以的。我們現在將謬誤分作三類：第一是型式的謬誤；第二是語意的謬誤；第三是不相干的謬誤。」

「型式的謬誤（Formal Fallacy）是嚴格的邏輯謬誤。如果邏輯的一切推論規律都是有效的，那麼，一言以蔽之，凡違反這些有效推論規律之推論都是型式的謬誤。這類謬誤是有效推論的反面。這類的謬誤之中的某些種，我們在從

前的討論中，已經隨時提出過。現在為了引起大家的注意起見，我們再提出一些來。

「關於位換的道理，在不習慣於邏輯之緊嚴的人看來，也許覺得瑣細。然而，稍一留心，便會感覺並非如此。一般人容易從『北平人說國語』而以為『說國語的人是北平人』。這便是不留心所致。懂一點位換的道理的人，這類毛病可能少一點。語句之對待關係也是值得注意的。我們很容易由 I 之真而肯定 A 亦真。比如，某人說了我一、兩句不好的話，我便以為那人對我所說全部的話都是不好的。在一個地方旅行的人，看見那個地方一、兩條街道不好（用 I 表出的），便說那個地方簡直不好（用 A 表出的），諸如此類的錯誤是很多的。明瞭對待關係的有效推論，就可以給我們一種防範。

「關於選取推論的謬誤。我們在前面說過，對於相容而窮盡的選項，只能由否定其中之一而得到肯定其餘的結論，但不能由肯定其一而得到肯定或否定其餘之結論。可是，由於心理聯想的影響，我們常常由肯定其一而肯定其餘，或由肯定其一而否定其餘。例如，有人告訴我，那個人是一個壞人或者是一個騙子，我們一個不小心，常常容易由肯定那個人是一個壞人，進而肯定他是一個騙子。其實，當着那個人是一個壞人的時候，他也許是一個騙子，也許不是，而是一個扒手。『他喜歡吃飯或喜歡吃麪，他喜歡吃飯，所以他不喜歡吃麪』，這個推論也是錯誤的。如果說這個推論

是以中國南方人不喜歡吃麭為根據，那麼這更不能叫做『推論』，而是猜或根據經驗，至少不是邏輯推論。從邏輯觀點來看，如果，『吃飯』和『吃麭』是可以相容的，一個人既可以喜歡吃飯又可以喜歡吃麭，那麼從他喜歡吃飯推論不出他一定不喜歡吃麭。但一般人容易這樣推論，這是因為根據心理聯想或日常經驗；心理聯想常常錯誤，經驗不是有效推論的保證。固然南方人喜歡吃麭的少，但並非沒有，則我們不能保證『他』不是少數中之一。如根據剛才所說的邏輯規律來推論，便可萬無一失。

「相容而又不窮盡的選項，既不能藉肯定其中之一而肯定或否定其餘，又不能藉否定其中之一而肯定或否定其餘。但我們常常因心理習慣的支配，或受宣傳的影響，容易將相容而不窮盡的名詞當作不是相容而不窮盡的名詞。這類的實例，我在從前舉了許多，二位可以回憶回憶。

「不相容而又不窮盡的選項，肯定其一可以得否定其餘的確定結論；而否定其一則得不到確定的結論。在這種情形之下，我們由於疏忽，或為日常經驗知識所圍，往往將不相容而又不窮盡的選項，由之藉否定其一而肯定其餘。假定——究竟是不是，這係一實際的事象，我們不管——納粹黨徒與天主教徒不相容。如果 X 是一個納粹黨徒，那麼他一定不是天主教徒，也許他還可以不是自由思想者，不是和平崇拜者，……但是，無論如何，他至少不是一天主教徒。因為我們在語言約定上已經假定納粹黨徒與天主教徒

二者不相容。二者既不相容，已知他是納粹黨徒時，當然就不是天主教徒，這個結論，在『不相容』的語言約定之下，是站得住的。但是，如果說 X 不是納粹黨徒時，我們就不能斷定他一定是天主教徒，因為納粹黨徒與天主教徒雖互不相容，但並不窮盡。他不是納粹黨徒時，他可以『是』的東西多得很。天主教徒不過是他可以『是』的許多東西之一而已。X 不是納粹黨徒時，他也許是天主教徒，也許不是，而是和平崇拜者，而是人道主義者，……總之，X 不是納粹黨徒時，他可以『是』的東西很多，不必然是天主教徒。可是，在這樣的關聯之下，人們容易把不窮盡的選項當作是窮盡的，於是由否定其一而肯定其餘。例如，我常常聽到人這樣問我：『吳先生，你是贊成唯物論的嗎？』我回答：『我不是唯物論者。』他馬上；說：『那麼吳先生是一個唯心論者了。』我一聽，這個人似乎缺乏起碼的思想訓練，他就是犯了這個毛病，把不窮盡的兩個選項當做窮盡的，因而從否定其一而肯定另一。其實，我不贊成唯物論時，也可以同時又不贊成唯心論。……請各位注意呀！」老教授又提高嗓子：「我在這裏所討論、所注重的，不是在唯物論和唯心論二者之間弄哲學的人究竟應否選擇其一的問題，也不是肯定二者是否真正不窮盡的問題。我在這裏之所以提到二者的名詞，不過是作為一例而已。當然，我也可以舉出別的例子。例如，二位在從前所辯論的消極和積極問題。我們說某人積極時，他一定不是消極的。但是，我們說某人不

積極時，我們不可信口開河，說他消極，因為，消極和積極二者固然不相容，但是並非共同窮盡，不積極不等於消極。

「我們現在要討論假定推論裏一般易犯的謬誤。假定推論的規律，二位還記得嗎？周文璞，請你說說看？」

周文璞經這意外一問，答應不出來，瞪眼望着王蘊理。

「哦！不行！」老教授連忙搖頭：「弄邏輯最重要的是熟練，邏輯不僅是一種知識，而且是一種訓練，像數學一樣，僅僅聽聽，忘記了，沒有多大用處的。假定推論的規律是：肯定前件可以肯定後件，否定前件不可以否定後件；肯定後件不可肯定前件，否定後件可以否定前件。但是，一般人在作這種推論時最易犯兩種毛病：一是由否定前件而否定後件；二是由肯定後件而肯定前件。假若經濟貧困，那麼人民淪為盜竊。許多人由此推論，假若經濟不貧困，那麼人民不淪為盜竊。這個推論是不對的。『經濟貧困』只是『淪為盜竊』的充足條件，而不是充足與必須的條件，因此，經濟貧乏時人民固然易於淪為盜竊，經濟不貧困時，人民不一定不淪為盜竊。經濟不貧困時，如果西部影片和江湖奇俠傳看多了，還是可作盜竊的。美國盜竊可不少，但是單純由於經濟因素而淪為盜竊的就不很多，所以，我們不能這麼推論。由肯定後件而肯定前件，也是一般人易犯的謬誤。『如果他善於經營，那麼他有錢；他有錢了，所以他善於經營。』這個推論簡直不對。如果他善於經營，固然可以有錢，但他有錢了，不足以證明他善於經營。特別在一個亂

糟糟的社會，當錢之來源常不正當時，有錢更不足以證明是善於經營之所致。『如果蘇俄贊成和平，那麼他發動和平宣傳』，我們不能由之而推論『蘇俄發動和平宣傳了，所以他是贊成和平的』。如果我們這樣推論，那麼正中蘇俄之意，上當不淺！是不是？在事實上，那些心理戰術家就是利用我們容易從肯定後件而肯定前件這一弱點而設計的。同樣，如果真正的民主國家必定實行競選，可是，我們不能由某地有競選之事，就斷定那地方是民主的。蘇俄也有競選之事，但它正好走到民主的反面。人世間許許多多欺騙的事，都是利用人們易由肯定後件而肯定前件做出來的。西方觀察家過去常常因犯這類錯誤而受愚。

「三段式的推論之謬誤更多。凡違反三段式之有效的推論規律的一切推論都是謬誤。這種謬誤，我們在從前討論三段式時已經指出很多了，我們不在這裏贅述。

「……我們現在要討論語意的謬誤。至少，語意的謬誤，不都是邏輯的謬誤。不過，在語意的謬誤之中，至少有一部分與邏輯之關係很密切。語意的謬誤之與邏輯有關者很多，我們現在只選擇常見的談談。

「分謂：一種語句或謂詞，對於全體說為真，但對於部分說則假。如果我們對於部分說了，便成謬誤。這種謬誤，叫做『分謂』。『某國是好侵略的，某人是某國之一分子，所以某人也是好侵略的。』『某國是好侵略』乃指某國全體而言，某人是分指某國之一分子而言。某國整個好侵略時，

某一單獨之分子未必好侵略。敵對國家的人民常用這種方法攻擊對方。又如：『美國那樣富，斯密司是美國人，難道他沒有錢嗎？』其實不見得。所謂美國富乃指美國這一整個國家而言，斯密司是美國人，乃分指他個人而言。整個國家富，一個人未必可以不窮。是不是？

「合謂：合謂之謬誤剛好相反。對於一部分來說為真而對於全體來說便假的話或謂詞，如果對於全體說了，便成一種誤謬，這種謬誤，叫做『合謂』。『正方形的每一邊是一條直線，所以一個正方形是一條直線。』這種說法顯然易見是不通的。前一句話是分別地對於正方形的每一邊而言的。後一句話則是合起來對於整個正方形而言。所以，前真而後假。

「模稜辭令：中國文特別多模稜辭令。記得在北平的時候，我經過一個胡同口，有一個人正在請看相先生替他面相。看相先生將他的尊容端詳一番，開口說道：『……您這位先生，父在母先亡。』那位先生大驚失色，連連點頭稱奇。……呵呵！這個人也太老實了。父母同年同月同日同時去世的情形在事實上非常少。將這個情形撇開，父母之存在可以有這幾種情形：

「第一，父母雙存。如果父母雙存，那麼可能有兩種情形發生：第一種情形是父親將會在母親去世之先而去世。如果是這種情形，那麼『父在母先亡』的解釋是『令尊大人在令堂大人去世以先將會去世』；第二種情形是母親將會在父親去世之先而去世。如果是這種情形，那麼『父在母先

亡』這話就是『令尊大人尚在人世的時候令堂大人就會亡故』。無論那一種情形，『父在母先亡』總是講得通的。

「第二，父母俱亡。如果父母俱亡，那麼也有兩種情形：第一種情形是父親先母親之死而死。如果父親先母親之死而死，那麼『父在母先亡』的意思就是『您的父親在您的母親死去之先就已亡故了』；第二種情形是母親先父親之死而死。如果母親先父親之死而死，那麼『父在母先亡』意即『您的母親當着您父親尚健在人世的時候她已經亡故了。』無論那一種情形，『父在母先亡』總是說得過去的。

「第三，父母一存一亡。如果父母一存而一亡，那麼也有兩種情形：第一種情形是父親還在人世而母親已亡。如果父親還在人世而母親死亡，那麼『父在母先亡』意即『您的父親尚健在，不過您母親已經亡故了』；第二種情形是母親還在人世而父親已亡。如果是母親還在人世而父親已亡，那麼『父在母先亡』很容易解作『您的父親已經在您的母親之先而亡故了。』無論那種情形都講得通。

「總括以上六種情形，『父在母先亡』總是說得過去。是不是？

「這真是極語義含混之能事。」王蘊理說。

「當然啦！」吳先生笑道：「要不然江湖上那能騙得到飯吃？……不過，我們也不要只笑江湖上的人，就是一般寫作之中，語意含糊的情形雖不若此之甚，可是也非常之多，不過一般人不易察覺罷了。要做到語意少含混，是一件很難

的事，必須長時期的訓練。自然語言（Natural Language），尤其是中文，歷史很長，因而富於意象，富於附着因素，所以免除語義含混得大費氣力。

「最後，我們要談不相干的謬誤。不相干的謬誤，非常之多。X 與 Y 相干與否，大部分決於知識，邏輯不研究一個一個與不相干的情形。但是，邏輯可以形式地界定（define）X 與 Y 是否相干。我們已經在以前說過：如果有 X 則有 Y 而且如果無 X 則無 Y，那麼 X 與 Y 相干。我們還可以補充地說，如果有 X 則有 Y，而且無 X 則有 Y 或無 Y，那麼 X 與 Y 不相干。不相干的情形真是太多了，我們現在清理出幾條常見的，而且比較對人具有支配作用的談談好吧？」

「好的！」周文璞連忙說。

「濫引權威是不相干的謬誤之一。這種謬誤叫做『訴諸權威辯論式』（argumentum ad verecundiam）。權威不可隨便抹煞，在相當的範圍以內，權威是應該被尊重的。但在相當範圍以外，權威就應受到限制了。在相當範圍以外如不限制權威，便是濫引權威。濫引權威往往會得到不相干的結論。一個人是物理學的權威，不必是政治權威。愛因斯坦是物理學的權威，如果請教他有關物理的問題，他的說法無疑很值得重視，但是，他對於政治問題則未必有如其物理學問題內行。可是，有人卻問他對於美俄前途及世界和平的意見，他憑在實驗室的心情予以解答。答案似乎不大相干。

「利用羣衆也是最大的不相干的謬誤之一。這種謬誤叫做『訴諸羣衆辯論式』（argumentum ad populum）。這種謬誤，卻不幸非常流行。許多年前，有一個研究生物學人在一個著名的雜誌上發表一篇文章，說他已經從無機物造出細菌，證明了生物可以自然發生。當時南方某一大學有許多人紛紛反對此說，其實，發表這篇文章的人在做試驗時手術不慎，把細菌帶進試管，因而誤下結論。這個說法沒有不可反對的，可是，反對的辦法實在大成問題。那個學校所用以反對的方法是舉手：如果舉手反對此說的人多，便斷定此說為假，這真是太不相干了。這類問題，不比食堂裏贊成吃飯還是贊成吃麪。贊成吃飯或贊成吃麪，乃是一個意願問題，而不是真假問題。碰到意願問題，當然以遷就大多數為宜，所以可用舉手方式表決。而真假問題，必須取決於試驗或推理，與大多數是否贊成毫不相干。如果某一學說是假的，即使大多數人贊成，它也不因之為真；如果某一學說是真的，即使大多數人反對，它也不因之而假。達爾文的生物進化論一出，當時遭到多數生物學家之揶揄非笑，現在，我們知道進化論雖遭遇多數人反對，還是真理。《聖經》上的生物特創論，曾受到多數人贊成，現在，我們知道它是站不住的。在科學進步史中，類此的例子不知凡幾，由此可證，學理之真假與大多數人之反對或贊成是毫不相干的。……可是，」老教授歎一口氣：「這一種不相干的辦法，正被許多人當作相干的辦法，在許許多多場

合擴大地應用着：多數人認為是真的就是真的。結果，是非不明，黑白不分。」

「這似乎是一個時代病。」王蘊理皺着眉頭。

「是的，」老教授連忙點頭：「年輕人看得出這是一個時代病，那我們就不致於永遠在黑夜裏行路了。

「訴諸暴力辯論式 (argumentum ad baculum) 也是一種不相干的謬誤。這種辦法，就是拿暴力來支持辯論者自己的主張，弄到最後，甚至索興較力不較理。鄉下有句俗語：『說不過就講打』，就是訴諸暴力辯論式。其實，這種辦法，目前應用甚廣，幾乎通行於半邊地球。如果你能夠拿起一根巨棒，那麼可以威脅對方，使他接受你所高興要他接受的任何說法。但是，可惜，這並不能證明你的說法是真的。在蕭伯納的 *Androcles and the Lion* 中，借羅馬兵丁對基督徒的談話，一再表現了這些謬誤。……但是，不幸得很，十九世紀的樂觀徵兆像朝霞一般地逝去，如今人類又回復到羅馬兵丁與基督徒對峙的局面；而且，由於技術之重大進步，這一對峙比羅馬時代要慘厲得多。」老教授一面說，一面凝思着，眉頭現出深刻的皺紋。

「我還要表示的一種不相干的謬誤，就是攻擊人身辯論式 (argumentum ad hominem)。這種謬誤幾乎隨時隨地發生。比如說，甲、乙二人本來是討論一個問題的，後來甲的道理說不過乙，於是撇開道理不談，轉而攻擊乙的人身，說他操守不好、品行不良，不配談這個問題。這就是攻擊

人身的辯論式。沒有理知訓練的人，沒有養成人與事分開之習慣的人，最易犯這種謬誤。這種謬誤在二十世紀，亦如其在過去，與訴諸暴力辯論式深結不解之緣。」

「您是不是說，我們在運思的時候要盡可能地免除這些毛病？」王蘊理問。

「當然啦！」老教授堅決地點着頭。王蘊理陷入深思之中。

第二十次

餘話

「我們談邏輯談了這麼多次……，關於它的歷史演進的大概情形，似乎也應該提到一下。」老教授說：「我已經說過，邏輯學的鼻祖是亞里士多德（Aristotle）。亞里士多德關於邏輯的研究，收集在《工具論》（*Organon*）裏。自亞里士多德以後，邏輯在中世紀沒有甚麼進步。中世紀學者對於亞里士多德的邏輯，只做了一些煩瑣的註釋工作。這一段期間邏輯之所以沒有甚麼進步，最大的原因，是將邏輯的題材圍限於自然語言界域中，而沒有開闢那邏輯題材豐富的數學園地。

　　「到了十七世紀，德國數學家萊布尼（Leibnitz）提出普遍數學（mathesis universalis）和普遍語言（characteristica universalis）的觀念。這算是補近代邏輯之先河。可惜，萊布尼茲只提了一個頭，他並沒有把他的想法發展出來。到了十九世紀，英國數學家波勒（George Boole）出，才開始大規模地正式用數學方法研究邏輯。從他開始，邏輯和純數學才逐漸合流。邏輯上有名的波勒代數學（Boolean Algebra）就是波勒創建的。他在這方面的重要著作有《邏輯

之數學的解析》（*Mathematical Analysis of Logic*），1847年出版；《思考規律》（*Law of Thought*），1854 年出版。那個時候，學人對於邏輯的性質沒有現在這麼清楚。邏輯的研究受哲學上的知識論甚至於形上學的影響。哲學家多以為邏輯是思維之學，所以波勒的邏輯書，也冠以思考規律的名稱。其實，這本書所講的內容，與思考之心理歷程毫不相干，與思考之知識論的問題也毫不相干；而主要地是邏輯之代數學的表示。繼波勒而起的，有德國數學家施愈德（Ernst Schroeder）。他在這方面的著作，有三巨冊的《邏輯代數學》（*Algebra der Logik*）。

「波勒以後，最大的邏輯家是弗列格（Gottlob Frege）。弗列格是十九世紀中葉到二十世紀初葉的人。他的貢獻頗多，有邏輯系統構進方法、語句演算、語句函數，量化項（Quantifiers）、推論規律，並從邏輯推出算術等等。因為弗列格的著作艱深，所用符號繁難，所以不大為同時的人所知悉，甚至被人誤解。」

「學人常有這類不幸。」王蘊理說。

「是的，……到了本世紀，由於羅素之發現，弗列格大為受人重視。現在，弗列格的著作被翻譯出來，學理一一被人介紹與闡釋。時至今日，研究邏輯與數學基礎的人，沒有不研究弗列格的。比弗列格稍晚的，有意大利的柏阿諾（G.Peano），他對於邏輯代數學有所革新。

「到了二十世紀，羅素（B.Russell）和懷德海

（N.Whitehead）出。他們的工作，主要係集十九世紀以來數理邏輯諸研究的大成。二人合著《數學原理》（*Principia Mathematica*）。這部著作，凡三巨冊，公認為亞里士多德的《工具論》以後邏輯研究中的里程碑。這部著作實徵地證明，用系統建構的方法，可以把全部純數學從邏輯推論出來。這部著作對於現代純數學家與邏輯家發生了決定性的激勵作用。由於羅素的創導，四十年來，從事數學基礎與邏輯研究的西方學人，數目一天比一天多。

「自從《數學原理》問世以來，邏輯的研究呈現一種分殊（ramification）的趨勢。在羅素以後，最堪注意的，而且影響最大的人物有三個：一個是羅素的門人維根什坦（Ludwig Wittgenstein）。他的重要著作是《邏輯哲理論》（*Tractatus Logic–Philosophicus*）。現代邏輯中最有影響套套絡基（tautology）概念，是他明顯地提出的。維根什坦的創導，促成維也納學派（Vienna Circle）之興起。由於維也納學派之興起，促成解析哲學之創建。還有一個是奧國邏輯家葛代勒（K.Gödel）; 另外一個是開納普（R.Carnap）。葛代勒的重要貢獻是不全定理（Incompleteness Theorem），以及與這個定理有密切關聯的另一定理。這另一個定理說，我們在一個邏輯系統以內，於某些條件下，不可能構成一個證明來證示這個系統是自身一致的。他又貢獻了語法之算術化（Arithmetization of Syntax）的方法。開納普教授則深受弗列格的影響，從事邏輯語法的研究。他的著作頗多，重

要的有《語言的邏輯語法》(*Logic Syntax of Language*)；《意義與必然》(*Meaning and Necessity*);《蓋然的邏輯基礎》(*Logical Foundations of Probability*)。繼他們而起的人物，遍佈英美和西歐。」

「吳先生，您所說的，我們有些還不瞭解。」王蘊理說。

「當然，剛才所說的，有些是很專門的問題。要能瞭解它們的意義之所在，必須作進一步的研究，或專門的研究。」

「是不是要讀您剛才所舉的那些書呢？」周文璞問。

「當然要讀的。……不過，學不躐等，最好還是按部就班來，先讀些基本的書。」

「先讀那些書呢？請問。」周文璞又接着問。

「如果各位還有興趣的話，那麼最好再讀讀 A.Wolf 教授著的 *A Textbook of Logic*，London, George Allen and Urwin Ltd 出版。Wolf 教授多年教這一門功課，教學經驗豐富。這本書中，純邏輯成分雖然沒有咱們這些天來討論的多，但應用的部分和一般的常識卻真不少，所以讀讀是有益的。這本書文理條暢淺明，對初學並不困難。

「如果各位讀了這本書還感到不滿足，而希望多知道一點新的知識，多得到一點新式的訓練，那麼有 A.Bennett 和 C.A.Baylis 兩教授合著的 *Formal Logic：A Modern Introduction*。Bennett 是美國 Brown 大學的數學教授；Baylis 是該校哲學教授。這本書內容豐富，說理精當，觀點

頗新，習題頗多。」

「你說的這兩種書，是不是主要以符號邏輯為內容的書呢？」王蘊理問。

「不是的，二者都是採取兼容並收的寫法。」

「假如我們想讀點符號邏輯的書，您可以介紹那些呢？」王蘊理又問。

「有兩種很標準的著作。一是 Alice Ambrose 和 Morris Lazerowitz 合著的 *Fundamentals of Symbolic Logic*, New York, Rinehart and Co.Inc. 出版。這本書說理暢達，編排均勻，又將古典邏輯兼消於類倫（Theory of Classes）之中，恰到好處。所以，自出版以來，書評界迭有好評。可惜，這本書對於類型論（Theory of Types）談得太少，這是美中不足之處。

「如果各位的興趣偏重數理，那麼最好是熟讀 Tarski 教授的 *Introduction to Logic*，Oxford University Press。Tarski 教授是波蘭人，現在流亡美國，在加利弗尼亞大學任教。他是美國的第一流邏輯家。所著 *Wahrheitsbegriff* 的論文，對於語意學以及哲學解析，影響頗大。這本邏輯引論是為習數學而有邏輯興趣者寫的。第二部分，在事實上是講系統學，尤見精采，但須細讀方可通。」

「假若我們還想參及旁的書，應須讀些甚麼呢？吳先生！」周文璞問。

「最好是讀 Quine 的新著 *Methods of Logic*，New

304

York, Henry Holt Co. 出版。Quine 是美國哈佛大學哲學教授，是美國第一流邏輯家，以量化論 (Theory of Quantification) 為主要貢獻。這本書寫得很見精審。德國邏輯家也有好評。

「再進一步，讀 Hilbert 和 Ackermann 二氏合著的 *Grundzüge der Theoretischen Logik*。此書有英譯本，叫做 *Principles of Mathematical Logic*, New York, Chelsea Publishing Company 出版。Hilbert 是德國大數學家 Klein 以後的數學權威，這本書，邏輯界公認為標準的邏輯教本，凡現代邏輯中的重要問題，如類型論、決定問題 (Entscheidungsproblem)，無不論列。不過這本書，正如許多老牌德國人寫的理論書一樣，寫得非常緊湊，正文只有一百三十頁，不多也不少，必須精讀。近年來，寫專門的邏輯論文者，作博士論文者，常常引用它，其重要可以想見。

「假若我們已熟讀了上面所說的書，而對於邏輯再想深進，那麼最佳的可讀的標準著作便是 Quine 教授的 *Mathematical Logic*，Harvard University 出版。這部書是邏輯界公認的一部精心傑構。如果我們熟讀並習完這部書，那麼對於現代邏輯的知識和訓練，可說『大體具備』。從此再往前去，不難左右逢源。

「如果我們已經熟讀並且習過上面所說的那些書，那麼就可以參讀 N. Whitehead 和 B. Russell 合作的巨構 *Principia Mathematica*。」

「吳先生！請問有沒有關於邏輯的刊物呢？」王蘊理問。

「有的，A.Church 教授等人編輯的 *The Journal of Symbolic Logic* 是這方面的專門學刊。這個學刊的編輯，多是從事邏輯研究的專家。這個學刊是國際性的，所用語言至少有英、德、法三種。其中所發表的專文，乃世界第一、第二流的著作。其中的書評，也多出自專家手筆。不過，這些作品，必須具備邏輯上專門的知識和訓練才可讀懂。其餘有關邏輯的文章，就英文的而言，常散見於 *Journal of Philosophy of Science*、英國出版的 *Analysis*，以及英美的幾種哲學刊物。

「唔……」老教授沉吟一會兒：「現代邏輯和邏輯語法有不可分的關聯。例如，我們想把類型論說清楚，就非利用邏輯語法不可，因此，我們研究邏輯到達相當的程度，就必須從事語法的研究。我們要研究邏輯語法，就不可不讀前面曾提到過的 Carnap 教授所著 *Logical Syntax of Language*，London,Kegan Paul 出版，除了語法以外，邏輯還有一個重要的層面，就是語意。關於語意學的研究，Carnap 教授的兩種著作，一種是前面提到過的 *Meaning and Necessity*，University of Chicago Press; 另一種是 *An Introduction of Semantics*，Harvard University Press，都是須讀的。此外，還有 Tarski 教授以及其他學者的若干篇重要論文，也是必須讀到的。如果我們再把範圍擴大一點，想要知道語意學、邏輯同哲學的關係，那麼應讀的書，有

L. Linsky 的 *Semantics and the Philosophy of Language*，
The University of Illinois Press。這是一本精采的文集。

「如果咱們想對於邏輯深造，那麼至少必須攻習數學中的組論（Set Theory）。假若我們再對於嚴格的『邏輯哲學』發生興趣，那麼必讀的著作是 N.Goodman 教授的新作 *The Structure of Appearence*，Harvard University Press。這部書寫得很硬，內容專門、新見層出，必須花一番氣力去讀才行。

「邏輯與其他科學的關係，真是越來越密切。」老教授加強他的語氣：「我們知道，一切科學雖不止是語言，但卻離不開語言。語言有語法、有語意。語法和語意弄清楚了，科學問題的一面就解決到了相當的程度。製定普遍的語法結構，及其推論程序和真假之規定，是邏輯的任務。……談到這裏，我覺得耶魯大學費琦教授（Professor Fitch）說的話很中肯。他說：『二十世紀五十餘年來，邏輯特別發達，人類首次得到一種有力的工具。這種有力的工具足以幫助我們推論種種關係，以及一切種類的性質。符號邏輯已經應用到生物學、神經生理學、工程、心理學和哲學，將來有一天符號邏輯家能夠像物理學家之久已能夠研究「毫無顏色的」物理學觀念一樣，清楚而有效地思考社會、道德和美學概念。邏輯這一新科學之充分的功用尚未被大家所感覺到。這一部分是由於邏輯之理論的發展尚未完成，一部分是由於許多人有能力很便利地應用符號邏輯，但是他們還

不知道有符號邏輯存在。當着符號邏輯的功用被大家感覺到時，則一個比較豐富的、比較合於人類需要的和比較理知的哲學，可以漸漸建立起來。現在，如果我們對於數學沒有堅實的基礎，那麼我們便不能攻習物理學。同樣的，將來總有一天，我們如果沒有符號邏輯的徹底的訓練，我們便不能研究倫理學與政治學。……』對於思想有節律的人而言，這段話再真實沒有了。固然，正如懷德海所指出的，我們不能全靠符號之助來思想，但是，我們必須先將思維運算規範於邏輯運算之中，然後再談其他。符號邏輯中的推論方式是人類積長期努力而得到的運算方式。這種方式，雖非完全夠用的方式，為比較可靠的方式。如果我們捨此方式而不顧，思意如天馬行空，如楊花亂舞，固可得詩情畫意，但思想的效準又在何處安頓呢？」

「這樣，再擴大一點看，邏輯是人生必不可少的學問了。」周文璞說。

「……就我的經驗來說，確乎如此，並不是賣瓜的說瓜甜呀！哈哈！」老教授笑道：「不過，我們可別以為邏輯對於人生的關聯都是直接的。照我看，邏輯對於人生的關聯，間接的時候多，可是，我們不要因其關聯多為間接的而輕忽它。在一長遠歷程中，愈是間接的東西，其作用愈大。……Tarski 教授把邏輯與人生的關聯，說得夠明白。」吳先生拿起 Tarski 的書譯道：「顯然得很，邏輯的未來正如一切其他理論科學一樣，根本需要人類有一個正常的政治和社會關

係，這些因素不是學者專家門所能控制的。我並不幻想邏輯思想的發展，在使人與人之間的關係正常化的歷程有甚麼特殊重要的影響；但是我深信，將邏輯知識廣為傳播，可以幫着加速人與人間的關係之正常化。因為在一方面，邏輯在其自己的領域裏把概念的意義弄精確和一律，並且強調概念的意義之精確和一律在任何其他領域中的重要作用。藉此，邏輯可以使願意這樣做的人之間獲致較佳的瞭解。在另一方面，邏輯可以使我們的思想工具日趨完備和鋒利。我們的思想工具日趨完備和鋒利，我們的批評能力就可加強。這樣一來，我們也許就不易被一切似是而非的推理所迷誤。在我們這個世界上，到處充滿着似是而非的推理，而且是時時不斷地發生的。」「嗯！……」老教授譯完 Tarski 的話，輕輕舒了一口氣：「二位覺得邏輯是人生必要的學問嗎？」

「的確是很必要的。」周文璞說。

「我們聽講了這麼多次，對於邏輯找到了一個門徑，並且得到不少的訓練。您真花了不少的時間和氣力。」王蘊理說。

「哦！那不要緊。希望二位把我所說的作個出發點，再向前深究。」

「一定的，謝謝。」周文璞說。

王蘊理起身道：「希望以後有機會多多賜教。」

「好的，不妨多多討論。」